ÜBERSICHT

DER

BERGRECHTLICHEN ENTSCHEIDUNGEN

DES

KÖNIGLICHEN OBER-TRIBUNALS.

ÜBERSICHT

DER

BERGRECHTLICHEN ENTSCHEIDUNGEN

DES

KÖNIGLICHEN OBER-TRIBUNALS

1860—1863.

VON

R. KLOSTERMANN,
OBER-BERGRATH.

BERLIN 1864.

VERLAG DER KÖNIGLICHEN GEHEIMEN OBER-HOFBUCHDRUCKEREI
(R. V. DECRER).

VORWORT.

Die älteste Aufzeichnung des deutschen Bergrechtes, das Iglauer Bergrecht von 1250, entstand aus einer Zusammenstellung von Weissthümern des Iglauer Schöppenstuhles, bei welchem damals zahlreiche Bergstädte in Böhmen, Mähren, Schlesien und Niederungarn Recht zu nehmen pflegten. So wie in jenen Zeiten des ungeschriebenen Rechtes der Inhalt der bergrechtlichen Satzungen in einer Sammlung von Rechtssprüchen sich darstellen liess, so muss sich auch in unsern Zeiten der Inhalt des geschriebenen Bergrechtes in einer Sammlung der Rechtssprüche wie in einem Spiegelbilde wiedergeben lassen. Der Versuch, das Bergrecht so statt aus seinen Quellen aus den Fällen seiner Anwendung darzustellen, findet seine Rechtfertigung in dem Zustande unserer Rechtsquellen, der alten Bergordnungen, die von der Novellengesetzgebung vielfach durchbrochen und überlagert und durch das Alter von drei Jahrhunderten verdunkelt nur auf dem mühsamen Wege der Forschung und der Combination ein Bild von dem heutigen Rechtszustande gewinnen lassen, der uns in der Praxis unserer Gerichtshöfe unmittelbar und greifbar entgegen tritt.

Die Uebersicht der Entscheidungen des Königlichen Ober-Tribunals, welche der Verfasser im Jahre 1861 veröffentlichte und welche sich bis zum Jahre 1860 erstreckt, verfolgte den Zweck, eine solche systematische Darstellung des in der Praxis lebenden Rechtes zu geben. Die vorliegende Fortsetzung, welche die Jahre 1860 — 1863 umfasst, ist nicht allein hervorgerufen durch die grosse Anzahl der seitdem ergangenen bergrechtlichen Entscheidungen des höchsten Gerichtshofes, sondern vorzüglich durch die neuen und wichtigen Rechtsfragen, mit deren Lösung sich ein Theil dieser Entscheidungen beschäftigt.

Arbeitet ja nicht allein der Gesetzgeber an der Veränderung des Rechtszustandes, sondern auch der in stetiger Entwickelung begriffene Verkehr, welcher täglich neue Beziehungen hervorbringt, die zum Gegenstande der rechtlichen Beurtheilung werden und neue streitige Rechtsfragen erzeugen, wie z. B. in unseren Tagen die Frage wegen der Entschädigung der Bergwerksbesitzer für die Sicherheitspfeiler, welche beim Grubenbau unter den Eisenbahnen zum Schutze der letztern stehen bleiben müssen, für welche es früher nicht sowohl an der gesetzlichen Regel, als an der factischen Voraussetzung gebrach.

Dank dieser fortschreitenden Bewegung in unserer Rechtsbildung und zumal in der Erforschung des geltenden Rechtes darf die nachfolgende Uebersicht nicht als eine blosse Nachlese zu der im Jahre 1861 veröffentlichten Uebersicht der bergrechtlichen Entscheidungen bezeichnet werden. Sie ergänzt dieselbe durch wichtige neue Materien, so namentlich in den Abschnitten: von der Fündigkeit (§. 3.), vom Alter im Felde (§. 5.) und von dem Schutze der Verkehrsanlagen durch Sicherheitspfeiler (§. 6.) *).

Möge die rege Theilnahme, welche in steigendem Maasse die wissenschaftlichen Bestrebungen auf dem Gebiete des Bergrechts begleitet, auch diesem Beitrage eine günstige Aufnahme sichern.

---

*) Der Verfasser bedauert, dass er bei der Bearbeitung dieses Abschnittes nicht mehr die erst nach der Vollendung des Druckes erschienene Monographie von H. Veith (die Entschädigungsverbindlichkeit der Eisenbahngesellschaften dem Bergwerksbesitzer gegenüber, Berlin, 1864) berücksichtigen konnte. Wenn auch abweichender Ansicht über verschiedene wichtige Fragen, namentlich über die Anwendbarkeit des §. 116 b. A. L. R. II. 16 auf den Bau von Eisenbahnen im älteren Grubenfelde, kann er doch nicht umhin, die Gründlichkeit und Klarheit der Darstellung anzuerkennen, deren eingehendere Würdigung er sich für eine andere Gelegenheit vorbehält.

Inhalts-Verzeichniss.

§. 1. Einleitung.

Der vierjährige Zeitraum, welcher seit dem Abschlusse der Uebersicht der bergrechtlichen Entscheidungen verstrichen ist, hat für die Fortbildung und für die allseitige Durchdringung des deutschen und des preussischen Bergrechtes reichere Ausbeute gewährt, als irgend ein früherer Zeitabschnitt. Sowohl auf dem Gebiete der Gesetzgebung, als auch auf dem Felde der richterlichen Praxis und der wissenschaftlichen Erörterung ist die Fülle des neu gewonnenen Materials ungewöhnlich gross und reichhaltig. Fast ebenso reich ist aber der Gewinn an beseitigten Controversen und an abgethanen Streitfragen, so dass der gegenwärtige Zustand unseres Bergrechtes, mit dem früheren Stande dieser Wissenschaft verglichen, um ein Bedeutendes gefördert und befestigt erscheint. Der Antheil, welchen die Gesetzgebung der letzten vier Jahre an diesem Resultate gehabt hat, ist verhältnissmässig der geringere. Obgleich nämlich die legislatorische Thätigkeit dieser Jahre eine sehr rege und fruchtbringende gewesen ist, so hat sich dieselbe doch fast ausschliesslich auf das Gebiet des öffentlichen Rechtes und der Administration erstreckt. Allein während der Gesetzgeber auf diesem Gebiete durch das Gesetz vom 21. Mai 1860 (Ges. Samml. S. 201) die letzten Reste der früheren polizeilichen Bevormundung des Bergbaues beseitigte und durch das Gesetz vom 10. Juni 1861 (Ges. Samml. S. 425) die Competenz der Verwaltungsbehörden in feste Grenzen einschloss und durch ein genau bestimmtes Verfahren regelte, beseitigte er zugleich die letzten Hindernisse einer freien und ungehemmten Rechtsbildung auf dem Gebiete des Bergbaues. So lange alle Verhältnisse beim Bergbau, von dem Schichtlohne des Arbeiters bis zum Verkaufspreise der geförderten Kohlen, von der Begrenzung des Grubenfeldes bis zur Eröffnung des Betriebes, dem Ermessen der administrirenden Bergbehörde anheim gegeben waren, konnte von einer Uebung und Pflege des für diese Verkehrsverhältnisse geltenden Rechtes nur in beschränktem Maasse die Rede sein. Die natürlichen Hebel des Verkehrs, deren freies Spiel durch die Waage des Rechtes nicht gehemmt, sondern nur geregelt wird, waren damals bei dem Bergbau künstlich beseitigt und ersetzt durch ein System administrativer Einrichtungen, bei welchem alle Thätigkeit von der verwaltenden Behörde ausging. Die Bergbehörde bestimmte damals in einzelnen Districten, wieviel Gruben und welche Gruben betrieben werden sollten. Sie verweigerte die Betriebseröffnung neuer Gruben, wenn sie glaubte, dass durch die vorhandenen dem Bedürfnisse der Consumtion genügt sei. Sie stellte den Betriebsplan für jede Grube fest und liess ihn durch die von ihr ernannten und ihr allein verantwortlichen Beamten ausführen, welche bei dem Bergwerksbetriebe selbst nicht betheiligt sein und mit den Gewerken nicht im dritten Grade verwandt sein durften (§. 308. A. L. R. Th. II. Tit. 16.). Die Behörde regelte die Verkaufspreise für die einzelnen Gruben (§. 315. l. c.), sie bestimmte die Löhne der Arbeiter, sie setzte das Entgelt fest, welches eine Grube der anderen für die Mitbenutzung ihrer Anlagen und Maschinen zu zahlen hatte (§. 345. a. a. O.). Damals stellte der Bergbau eines Verwaltungsdistrictes, z. B. der westfälische Steinkohlenbergbau mit 170 Gruben, 15000 Arbeitern und mit einer Förderung von 10 Millionen Tonnen annähernd ein einziges grosses Bergwerksunternehmen dar, welches mit einigen Hundert verschiedenen Betriebspunkten und Verkaufsstellen nach einem einheitlichen Plane unter Ausschluss aller inneren Concurrenz von der Bergbehörde geleitet wurde.

Bei solchen Einrichtungen war für Rechtsstreitigkeiten auf dem Felde des Bergbaues wenig Raum gelassen. So lange die natürlichen Hebel des Verkehrs künstlich ausser Thätigkeit gesetzt waren, so lange blieb auch die Zunge, deren Ausschlag das Gleichgewicht dieser Verkehrshebel regelt, die Rechtspflege, fast in völliger Ruhe. Die Streitigkeiten über den Bergwerksbesitz bildeten in jenem Zeitraume fast den einzigen Gegenstand der richterlichen Entscheidungen, während alle anderen Verkehrsbeziehungen der Bergbautreibenden durch die allumfassende Vormundschaft der Bergbehörden geregelt wurden.

Diese Vormundschaft war seit dem Erlasse des Gesetzes über die Verhältnisse der Miteigenthümer eines Bergwerks vom 12. Mai 1851 (Ges. Samml. S. 265) allmälig immer weiter eingeschränkt und durch die Selbstverwaltung der Gewerkschaften ersetzt worden, die durch das angeführte Gesetz zuerst eine

Organisation und eine Repräsentation erhalten hatte, die sie zu selbstständigen Willensäusserungen und Rechtshandlungen befähigte. Aber erst das Gesetz vom 21. Mai 1860 (Ges. Samml. S. 201) beseitigte die letzten Reste dieser Vormundschaft, indem es auch die Vertragschliessung zwischen dem Bergwerkseigenthümer und den Bergleuten und Grubenbeamten dem freien Uebereinkommen überliess (§. 2.). Dieses Gesetz hob auch im §. 1. zuerst das sogenannte Directionsprincip, welches bis dahin nur factisch ausser Anwendung gesetzt war, in formeller Weise auf und beschränkte die Aufsicht der Verwaltungsbehörden auf die Wahrnehmung bestimmter und begrenzter Aufgaben der Sicherheits- und der Wohlfahrtspolizei.

Die Production des vorhin erwähnten westfälischen Steinkohlenbergbaues ist seit dem Beginn dieser Reformen (1851) von 10 Mill. Tonnen auf 30 Mill. Tonnen gestiegen, die auf 270 Gruben von 30000 Arbeitern gewonnen wurden. Gleichwohl konnte durch das Gesetz über die Competenz der Oberbergämter vom 10. Juni 1861 (Ges. Samml. S. 425) die Organisation der Bergverwaltungsbehörden erheblich vereinfacht und durch die Aufhebung der Bergämter die Zahl der Behörden auf etwa ein Drittel vermindert werden. Für einen wichtigen Theil derjenigen Angelegenheiten, deren Entscheidung den Bergverwaltungsbehörden verblieben war, namentlich für die Entscheidung über die Muthungs- und Concessionsgesuche, wurde durch das zuletzt angeführte Gesetz (§. 4.) ein contradictorisches Verfahren mit einem geregelten Instanzenzuge eingeführt. Hierdurch erhielten die Entscheidungen der Verwaltungsbehörden (der Oberbergämter und des Handelsministeriums) in Muthungssachen zuerst eine umschriebene Gestalt, in welcher sie gleich den Präjudizien der Gerichtshöfe für die Erkenntniss und Fortbildung des Rechtes auf diesem wichtigen Gebiete verwerthet werden konnten.

Die Zahl der richterlichen Entscheidungen in Bergwerkssachen, welche in dem Zeitraume der letzten vier Jahre veröffentlicht worden, ist sehr gross. Sie umfasst gegen 50 Entscheidungen des Ober-Tribunals und ausserdem zahlreiche Erkenntnisse der Appellationsgerichte zu Arnsberg, Cöln, Ehrenbreitstein, Hamm, Ratibor u. a. m., der Landgerichte zu Bonn und Cöln und verschiedener Kreisgerichte. Die Fragen, welche in diesen Erkenntnissen beantwortet werden, schliessen sich theils an diejenigen Materien an, welche in der Uebersicht der bergrechtlichen Entscheidungen des Ober-Tribunals nach dem damaligen Stande der praktischen Jurisprudenz dargestellt worden sind; theils verbreiten sie sich auf neue wichtige Gebiete, auf welchen erst in der jüngsten Zeit zweifelhafte Rechtsfragen sich ergeben haben und zur Entscheidung gekommen sind, wie dies namentlich in Bezug auf die Einschränkungen des Bergbaues durch die Eisenbahnen der Fall gewesen ist, welche die Grubenfelder durchschneiden und zu deren Schutze der Bergwerksbesitzer Sicherheitspfeiler stehen lassen muss.

In den zuerst erwähnten Materien wird die Sammlung der neueren Präjudizien und ihre Vergleichung mit der früheren Darstellung einen wichtigen Aufschluss über die gewonnenen Resultate geben und den Beweis liefern, dass das früher in den wichtigsten Principien bestrittene und in lebhaftem Schwanken begriffene Bergrecht, durch die gemeinsamen Bestrebungen der praktischen und der wissenschaftlichen Jurisprudenz eine festere Gestalt zu gewinnen beginnt und dass auf dem gewonnenen Boden nicht nur zahlreiche Controversen begraben, sondern auch die Grundlagen einer gleichförmigen auf systematischer Erkenntniss beruhenden Rechtsprechung gelegt sind.

Die neu hinzutretenden Materien werden eine praktisch wichtige Ergänzung der früheren Darstellung abgeben und dazu beitragen, dass die Uebersicht der bergrechtlichen Entscheidungen sich mehr und mehr der Aufgabe nähert, welche der Verfasser in dieser Form zu lösen anstrebte, nämlich einer vollständigen Darstellung des in der Praxis lebenden Bergrechtes.

Zu diesem Zwecke durften auch die wissenschaftlichen Erörterungen nicht unberücksichtigt bleiben, welche sich theils als kritische Erörterungen an die veröffentlichten Rechtsfälle anschliessen, theils in der Form selbstständiger Untersuchungen dieselben Fragen behandeln, welche Gegenstand dieser Entscheidungen gewesen sind. Die zahlreichen Abhandlungen über einzelne Fragen des Bergrechtes, welche im Laufe der letzten Jahre theils in den vier Jahrgängen der Zeitschrift für Bergrecht (Bonn 1860—63), theils in besonderen Gelegenheitsschriften von Brassert, Achenbach, Strohn, v. d. Bercken, Ebmeier, Gedicke u. A. m. veröffentlicht worden sind, bieten ein reichhaltiges Material, welches neben den Sammlungen der Rechtsfälle (Entscheidungen des Ober-Tribunals Bd. 43—49. und Striethorst's Archiv für Rechtsfälle des Ober-Tribunals Bd. 38—50.) bei der folgenden Darstellung als Quelle benutzt worden ist. Neben den beiden angeführten Sammlungen der Erkenntnisse des Ober-Tribunals müssen ferner Gruchot's Beiträge zur Kenntniss des preussischen Rechtes und besonders die oben angeführte Zeitschrift für Bergrecht von Brassert und Achenbach Erwähnung finden, in welcher sich fast sämmtliche im Folgenden angeführte Erkenntnisse mitgetheilt oder doch angezeigt finden, zum Theil von einer kritischen Besprechung begleitet.

Schliesslich darf unter den wissenschaftlichen Bestrebungen auf dem Felde des Bergrechtes der im Auftrage des Handelsministeriums von H. Brassert redigirte vorläufige Entwurf eines allgemeinen Berggesetzes (Berlin 1862) nicht unerwähnt bleiben, dessen ausführliche und eingehende Motivirung einen werthvollen Beitrag zur Kenntniss des bestehenden Bergrechtes liefert. Auch die zahlreichen Gutachten, welche über diesen Entwurf theils von den vorangeführten Schriftstellern, theils von Behörden und Corporationen abgegeben worden sind, haben die Erkenntniss des geltenden Rechtes nicht unerheblich gefördert, die ja als der einzige Ausgangspunkt nicht nur für die blosse Codification, sondern auch für die Reform der Berggesetzgebung bezeichnet werden muss.

Es ist daher zu hoffen, dass die umfassenden Vorbereitungen, welche zu einer Codification unseres Bergrechtes getroffen worden sind, zu einem baldigen und zu einem befriedigenden Abschlusse gedeihen werden, dass die Verbesserung des formellen und des materiellen Zustandes unserer Berggesetzgebung, welche vor vier Jahren noch als ein in ferner Aussicht stehendes Ziel bezeichnet werden musste, auf der Grundlage so umfassender und so gründlicher Vorbereitungen glücklich verwirklicht werden wird. Der Zweck, welchen die Uebersicht der bergrechtlichen Entscheidungen verfolgt, wird durch die bevorstehende Codification nicht überflüssig gemacht werden. Denn die Principien, mit deren Anwendung sich die heutige Jurisprudenz zu beschäftigen hat, werden auch in der neuen Berggesetzgebung zum grossen Theil unveränderte Geltung behalten. Die Begriffe, mit deren Definition sich die unten mitgetheilten Präjudizien befassen, kehren auch in dem künftigen Bergrechte wieder, und die alten Berggesetze selbst werden auch nach ihrer Aufhebung für eine grosse Anzahl von Rechtsverhältnissen, die unter der älteren Gesetzgebung begründet sind, praktische Geltung behalten.

§. 2. Das Bergregal.

Unter dem Bergregal wird der Inbegriff der dem Staate in Bezug auf den Bergbau zukommenden Rechte verstanden

(A. L. R. Th. II. Tit. 16. §. 107.) und diesen Inbegriff von Rechten zählt das Allgemeine Preussische Landrecht zugleich mit den Rechten des Staates an Land- und Heerstrassen, Strömen, Häfen und Meeresufern, an herrenlosen Sachen und mit den nutzbaren Rechten der Gerichtsbarkeit zu den niederen Regalien (A. L. R. Th. II. Tit. 14. §§. 21—23. Tit. 15. 16. 17.). Der Grund dieser Classification liegt in der Veräusserlichkeit dieser Rechte, welche zwar durch die gesetzliche Regel dem Staate beigelegt werden, aber in einzelnen Fällen auch von Privatpersonen und von Communen erworben werden können (A. L. R. Th. II. Tit. 14. §. 26.). Ein weiteres gemeinsames Merkmal kommt neben der Veräusserlichkeit den sogenannten niederen Regalien offenbar nicht zu. Es sind vielmehr unter diesem Namen die verschiedenartigsten Rechte in eine Klasse zusammengestellt: Hoheitsrechte, die nach unserer heutigen Verfassung überhaupt nicht mehr vom Begriffe des Staates getrennt werden können, wie die Gerichtsbarkeit — Monopole, wie das Postregal und das Salzregal — und unzweifelhafte Steuern, wie die Zollgerechtigkeit und der Bergzehnte*). Es ist deshalb im Allgemeinen anerkannt, dass bei der Ausübung der in den verschiedenen Arten der niederen Regalien enthaltenen Befugnisse, neben den besonderen Vorschriften des Tit. 14. cit. diejenigen Regeln Anwendung finden müssen, welche dem juristischen Inhalte des fraglichen Rechtes entsprechen, also bei der Erhebung von Bergwerkssteuern, die über die Beitreibung und Verjährung von öffentlichen Abgaben bestehenden Vorschriften, bei der Verwaltung des Post- und Salzregals die auf den Frachtverkehr, auf Lieferungsgeschäfte und dergleichen bezüglichen Bestimmungen des Handelsrechtes. In Bezug auf den Bergzehnten ist dieser Grundsatz in der früheren Uebersicht der bergrechtlichen Entscheidungen §. II. S. 10 f. im Anschluss an das Präjudiz 2024. näher ausgeführt worden. Die dort vertheidigte Ansicht, dass der Zehnte ein Ausfluss der Steuerhoheit ist und nicht zu den-

*) Der Zehnte ist durch das Gesetz vom 12. Mai 1851 (Ges. S. S. 261) in den Zwanzigsten verwandelt, an dessen Stelle durch das Gesetz vom 22. Mai 1861 (Ges. S. S. 225) der Fünfundzwanzigste gesetzt wurde. Durch das Gesetz vom 20. October 1862 (Ges. S. S. 351) ist endlich eine stufenweise Herabsetzung dieser Steuer bis auf 1 pCt. angeordnet und derselben statt der früheren von der Steuerquote entnommenen Bezeichnungen der Name »Bergwerksabgabe« beigelegt (§. 4.). In der obigen Darstellung ist zur Vermeidung der durch solche wechselnde Nomenclatur nothwendig bedingten Verwirrung die ursprüngliche Bezeichnung des Zehnten beibehalten worden.

jenigen Nutzungen aus den niederen Regalien zu zählen ist, in Bezug auf welche dem Fiscus nur die Rechte der Privatpersonen zukommen, hat indess Widerspruch erfahren, so namentlich von Oppenhoff (die preussischen Gesetze über die Ressortverhältnisse, Berlin 1863, S. 122 ff.). Nach der gegenüberstehenden Ansicht ist der Zehnte nicht ein Ausfluss des Besteuerungsrechtes, sondern er wird bei der Ueberlassung des im landesherrlichen Bergregal begriffenen Nutzungsrechtes an die beliehenen Privatpersonen als ein Theil des letzteren oder als ein Aequivalent vorbehalten, welches die gesetzliche Bedingung der nachgesuchten Verleihung ist.

Der Zehnte ist also nach der einen Auffassung eine Steuer, nach der anderen eine Reallast. Die wichtigsten praktischen Consequenzen, welche sich aus dieser Verschiedenheit der Auffassung ergeben haben, betreffen theils den Untergang des Zehntrechtes im Wege der Consolidation bei den vom Fiscus besessenen und ohne den Vorbehalt des Zehnten verkauften Bergwerken, theils die Befreiung von dem Zehnten durch Vertrag oder durch Verjährung, theils endlich die Zulässigkeit des Rechtsweges über den Bergzehnten. Die erste dieser Streitfragen ist durch das früher mitgetheilte Präjudiz 2024. im Sinne der hier vertretenen Auffassung entschieden. Ebenso die zweite durch das nachstehende Erkenntniss des Obertribunals vom 28. Juni 1861 (Striethorst's Archiv Bd. 40. S. 168, Zeitschrift für Bergrecht Bd. 2. S. 507).

Durch die Urkunde vom 23. Januar 1791 verlieh die damalige regierende Fürstin von Essen der Gewerkschaft Werner u. Comp. das Eisenerzbergwerk Neu-Essen, welches das ganze ehemalige Hochstift Essen umfasst. In der Verleihungsurkunde wurde der Gewerkschaft ausserdem das zum Hüttenbetriebe erforderliche Klafterholz aus den fürstlichen Waldungen auf 20 Jahre zu einem festen Preise zugesichert und ihr die Zoll- und Accisefreiheit für ihre Anlagen auf 10 Jahre eingeräumt. Dagegen sollte die Gewerkschaft nach §. 12. dieser Urkunde für vorstehende Freiheiten und Begünstigungen jährlich um Martini 40 Thlr. zur fürstlichen Rentei bezahlen.

Als die Gewerkschaft zur Entrichtung der in dem Gesetze vom 12. Mai 1851 vorgeschriebenen Bergwerksabgaben, des Zwanzigsten und der Aufsichtssteuer herangezogen wurde, erhob sie gegen den Fiscus Klage auf Erstattung der eingezogenen Steuer, von welcher sie sowohl vertragsmässig befreit sei, da nach §. 12. der Verleihungsurkunde von 1791 die feste Jahresabgabe von 40 Thlrn. die Stelle jener Abgaben vertrete, als auch durch Verjährung, da der Fiscus erst im Jahre 1859 den Zwanzigsten und die Aufsichtssteuer neben jener Jahresabgabe gefordert habe. Die Klage wurde in zwei Instanzen zurückgewiesen und demnächst auch die Nichtigkeitsbeschwerde der Klägerin durch das angeführte Erkenntniss aus folgenden Gründen verworfen:

»Die erhobenen Angriffe sind nicht begründet. Implorantin führt aus, dass der Zwanzigste nach §. 1. des Gesetzes vom 12. Mai 1851 (Ges. S. S. 261) an die Stelle des früheren Zehnten getreten sei, so weit derselbe nach den bestehenden Gesetzen zu entrichten war. Dies ist unzweifelhaft richtig. Dagegen kann ihrer ferneren Ausführung, dass nach §. 98. Th. II. Tit. 16. A. L. R. die Erhebung des Zehnten nur bei solchen Bergwerken stattfinde, die auf die §§. 141 ff. daselbst angegebene Art durch Muthung und Beleihung erworben sind, nicht beigetreten werden.

Zuvörderst ergiebt das deshalb in Bezug genommene Kap. 73. der Cleve-Märkischen Bergordnung vom 29. April 1766 nichts dergleichen, im Gegentheil spricht der §. 1. desselben ganz allgemein als feststehend aus,

dass dem Landesherrn von allen aus der Erde zu Tage gebrachten metallischen Erzen, Mineralien und Fossilien der Zehente gebühre.

Der §. 98. Th. II. Tit. 16. A. L. R. verordnet:

»Von allen zum Bergwerksregale gehörenden Metallen und Mineralien, welche die Beliehenen gewinnen, gebührt dem Staate der Zehnt.«

Es fehlt an allem Grunde, den hier gebrauchten Ausdruck »die Beliehenen« mit der Implorantin in dem beschränkten Sinne aufzufassen, dass dabei eine nach geschehener Muthung erfolgte Beleihung als *conditio sine qua non* vorausgesetzt werde. Allerdings ist der in den §§. 141 ff. a. a. O. bezeichnete Weg die regelmässige Erwerbung des Bergwerkseigenthums, allein der oben gedachte Ausdruck »die Beliehenen« passt auch auf solche Bergwerkseigenthümer, welche ihr Recht auf Urkunden, wie die von 1791, gründen. An ihrem Schlusse wird dieselbe als *Octroi* bezeichnet, welcher Ausdruck wohl mit Bewilligung und Verleihung ziemlich gleichbedeutend ist. Der Inhalt der Urkunde ergiebt, dass dem Beliehenen das Recht zugestanden ist, im ganzen Stifte und dessen Zubehörungen das bereits entdeckte oder noch zu entdeckende Eisenerz zu gewinnen. Verglichen mit einer gewöhnlichen Beleihung, giebt diese Urkunde dem Beliehenen hauptsächlich insofern grössere Rechte, als sie dem Raume nach einen grösseren District — das Hochstift nebst Zubehörungen — umfasst, ausserdem aber sich nicht auf das schon entdeckte Eisenerz beschränkt, sondern sich auf das noch zu entdeckende erstreckt. Dieses grössere Recht, verbunden mit den sonstigen in der Urkunde enthaltenen besonderen Begünstigungen, kann doch kein Grund sein, den Bergwerkseigenthümer von den allgemeinen an den Staat zu entrichtenden Bergwerksabgaben zu befreien, und da, wie oben bereits ausgeführt ist, der im §. 98. a. a. O. gebrauchte Ausdruck »die Beliehenen« der Ansicht der Implorantin nicht zur Seite steht, so muss deren Behauptung, dass der vorliegende Fall keiner derjenigen sei, in denen nach den bestehenden Gesetzen dem Staate der Zehnte resp. Zwanzigste gebührt, für unbegründet erachtet werden.

Was die Aufsichtssteuer betrifft, so ist dieselbe durch §. 8. des Gesetzes vom 12. Mai 1851 eingeführt, welcher verordnet:

»Von allen Bergwerken wird, wenn sie im Betriebe stehen und so lange daselbst ein Absatz von Producten stattfindet, statt der nach §. 6. aufgehobenen Abgaben eine Aufsichtssteuer entrichtet.«

Hiernach wird diese Abgabe ganz allgemein von allen im Betriebe befindlichen Bergwerken entrichtet, und es ist kein Grund, die klagende Gewerkschaft davon für befreit zuerachten.

Es kommt daher nur noch

auf die das Fundament der Verjährung betreffenden Angriffe an, welche aber ebenfalls nicht für begründet erachtet werden können.

Der Bergzehnte resp. Zwanzigste und die Aufsichtssteuer müssen als allgemeine Lasten und Abgaben angesehen werden, welche von allen Bergwerken, deren Besitzer nicht einen besonderen Grund der Befreiung darthun können, an den Staat zu entrichten sind (Kap. 73. der Cleve-Märkischen Bergordnung vom 29. April 1766, §. 98. Th. II. Tit. 16. A. L. R. §§. 1. u. 8. des Gesetzes vom 12. Mai 1851 und Entscheidungen Bd. 17. S. 381). Mit Recht hat daher der Appellationsrichter den §. 656. Th. I. Tit. 9. A. L. R. zur Anwendung gebracht, wonach eine Verjährung solcher Lasten und Abgaben nur dann stattfindet, wenn der dazu Verpflichtete zu deren Entrichtung aufgefordert worden, sich aber der Leistung geweigert hat, und seit dieser Zeit 50 Jahre lang frei geblieben ist.

Diese Voraussetzungen sind im vorliegenden Falle nicht festgestellt, und dies genügt, um die erfolgte Verwerfung des Fundaments der Verjährung zu rechtfertigen, ohne dass es darauf ankommt, was der Appellationsrichter sonst noch darüber sagt.

Implorantin macht geltend, dass der Zehnt nach §. 98. Th. II. Tit. 16. A. L. R. ein Ausfluss des Bergregals sei, und folgert daraus, unter Bezugnahme auf §. 35. Th. II. Tit. 14. und §§. 629. 632. 504. 505. u. 546. Th. I. Tit. 9. A. L. R., dass die 44jährige Verjährung durch Nichtgebrauch genügen müsse. Allein mit Unrecht. Denn es handelt sich hier nicht von der Verjährung des Bergwerksregals selbst, sondern von der Verjährung allgemeiner, den Bergwerksbesitzern obliegender Abgaben, und hierauf muss der §. 656. a. a. O. für anwendbar erachtet werden.

Aus dem Inhalte dieser Entscheidungsgründe ist vorzüglich der zweite Abschnitt hervorzuheben, welcher den Einwand der Verjährung betrifft. Das Ober-Tribunal verwirft diesen Einwand auf Grund des §. 656. A. L. R. Th. I. Tit. 9., welcher die Verjährungsfristen in Bezug auf öffentliche Lasten und Abgaben betrifft. Unter den in den §§. 655. 656. cit. erwähnten öffentlichen Abgaben sind aber nach einem früheren Plenarbeschlusse des Obertribunals vom 20. März 1846 (Entsch. Bd. III. S. 42 ff. 52) »nur die aus dem Besteuerungsrechte des Staates, als einem Hoheitsrechte desselben fliessenden Abgaben, die eigentlichen landesherrlichen Steuern« begriffen, nicht die niederen Regalien, in Ansehung deren vielmehr nach §. 35. A. L. R. Th. II. Tit. 14. und nach §. 629. A. L. R. Th. I. Tit. 9. die 44jährige Präscription stattfindet.

Das Ober-Tribunal hat also in dem oben mitgetheilten Erkenntnisse noch unzweideutiger und bestimmter, als dies bereits in dem Präjudiz 2024. geschehen, den Bergzehnten als eine öffentliche, aus dem Besteuerungsrechte des Staates fliessende Abgabe bezeichnet. Es würde folgerichtig auch die dritte der oben erwähnten Streitfragen in demselben Sinne beantwortet und nach §. 78. A. L. R. Th. II. Tit. 14. und nach §. 36. der Verordnung vom 26. December 1808 gegen die Zulässigkeit des Rechtsweges über den Bergzehnten entschieden haben.

Von dem Gerichtshofe zur Entscheidung der Competenzconflicte ist dagegen die dritte Streitfrage im entgegengesetzten Sinne entschieden und der Rechtsweg über die an Stelle des Zehnten getretene Bergwerksabgabe durch das nachstehende Erkenntniss vom 13. Februar d. J. (ungedruckt) für zulässig erachtet worden:

Die Actiengesellschaft zu Stolberg und in Westfalen und die Gewerkschaft der Grube Stahlberg bei Müsen klagten gegen den Fiscus auf Zahlung von Poch-, Wasch- und Hüttenkosten, welche nach ihrer Angabe auf den im Jahre 1858 von ihrem Grubenbetriebe erhobenen Zwanzigsten in Anrechnung zu bringen gewesen, aber nicht angerechnet seien. Das Oberbergamt zu Bonn erhob unter Berufung auf die beiden angeführten Entscheidungen des Ober-Tribunals den Competenzconflict, weil nach §. 78. A. L. R. Th. II. Tit. 14. über die Verbindlichkeit zur Entrichtung allgemeiner Anlagen, denen sämmtliche Einwohner des Staates oder alle Mitglieder einer gewissen Klasse unterworfen sind, kein Process stattfindet. Der Gerichtshof erachtete durch das angeführte Erkenntniss den erhobenen Conflict für unbegründet und den Rechtsweg für zulässig aus folgenden

Gründen.

»Die Entscheidung des vorliegenden Competenzstreits hängt wesentlich von der Beantwortung der Frage ab, ob der Bergzwanzigste zu denjenigen allgemeinen Anlagen gehört, auf welche der §. 78. Th. II. Tit. 14. A. L. R. sich bezieht? Diese Frage muss verneint werden.

Der von den Staatseinkünften handelnde Tit. 14. Th. II. A. L. R. unterscheidet im §. 1. Staatseinkünfte, welche auf dem Besteuerungsrechte beruhen, sehr bestimmt von denjenigen Staatseinkünften, die aus dem besonderen Staatseigenthum und den nutzbaren Regalien fliessen. Es folgen dann besondere Bestimmungen über das Besteuerungsrecht in den §§. 2. bis 10., über die Domainen in den §§. 11. bis 20. und über die niederen Regalien in den §§. 21. bis 34. Im §. 76. ist ferner festgesetzt, dass bei dem Gebrauche, der Benutzung und Verwaltung der Domainen und Regalien dem Staate, der Regel nach, nur eben die Rechte zukommen, wie jedem Privateigenthümer. Im Gegensatz hiervon schliesst der §. 78. Streitigkeiten über die Verbindlichkeit zur Entrichtung allgemeiner Anlagen, denen sämmtliche Einwohner des Staats oder alle Mitglieder einer gewissen Klasse derselben, nach der bestehenden Landesverfassung unterworfen sind, vom Rechtswege aus, während nach §. 81. alle Streitigkeiten zwischen dem Fiscus und Privatpersonen über Befugnisse und Obliegenheiten, welche nicht auf solchen allgemeinen Anlagen beruhen, im ordentlichen Wege Rechtens entschieden werden sollen. Aus dem Zusammenhange und den gegenseitigen Beziehungen dieser gesetzlichen Bestimmungen, sowie aus der im §. 78. enthaltenen ausdrücklichen Hinweisung auf die §§. 2. und 3. ergiebt sich, dass der §. 78. nur auf die, auf dem Besteuerungsrechte des Staats beruhenden Abgaben zu beziehen ist und dass demnach über die Verbindlichkeit zur Entrichtung von Abgaben, die nicht in dem Besteuerungsrechte, sondern in einem anderen Regale ihren Grund haben, der ordentliche Weg Rechtens stattfindet. Das Bergwerksregal gehört zu den niederen Regalien (§. 22.). Dasselbe wird vom Staate entweder unmittelbar durch Bergbau für Rechnung der Staatskasse oder durch Verleihung an Privateigenthümer genutzt. Im letzteren Falle gebührt nach §. 98. Th. II. Tit. 16. A. L. R. dem Staate der Zehnte von allen, zum Bergwerksregal gehörenden Metallen und Mineralien, welche die Beliehenen gewinnen. Das Bergwerksregal kann, nach §. 106. tit. cit., für einen gewissen District oder ein bestimmtes Object, auch von Privatpersonen erworben werden, welchen dann nach §. 107. der Regel nach, alle darunter begriffenen Rechte des Staats zukommen. Dass hierunter auch das Recht auf den Bergzehnten zu verstehen ist, ergiebt sich ganz deutlich aus der unmittelbar folgenden Vorschrift des §. 108., wonach solche Privatinhaber des Bergwerksregals das Quatember- und Recessgeld, Abgaben, die nach §§. 103. und 104. für die Beaufsichtigung des Bergbaues durch den Staat zu zahlen sind, ebenfalls zu entrichten haben. Dasselbe folgt aus §. 1. des Gesetzes vom 12. Mai 1851, indem die darin verordnete Ermässigung des Bergzehnten auf den Zwanzigsten ausdrücklich auf den an den Staat zu entrichtenden Zehnten beschränkt, mithin der an Privatinhaber des Bergwerksregals zu entrichtende Zehnte in seinem bisherigen Betrage beibehalten ist. Hiernach kann es nicht zweifelhaft sein, dass das Recht auf den Bergzehnten auf dem Bergwerksregal beruhet und zu den Nutzungen dieses Regals gehört. Das Gesetz vom 12. Mai 1851 hat nun hinsichtlich des dem Staate gebührenden Bergzehnten ausser der im §. 1. festgesetzten Ermässigung auf den Zwanzigsten nichts Neues verordnet. Vielmehr ist im §. 2. ausdrücklich bestimmt, dass bei der Berechnung des Zwanzigsten die nämlichen Grundsätze, wie bisher bei der Berechnung des Zehnten, zur Anwendung kommen sollen. Die rechtliche Natur dieser Bergwerksabgabe ist demnach durch das gedachte Gesetz nicht geändert worden, und wenn der frühere, für Privatinhaber des Bergwerksregals auch ferner beibehaltene Bergzehnte für eine aus dem Bergwerksregale fliessende Nutzung angesehen werden muss, so gilt dies auch von dem Zwanzigsten. Der §. 78. Th. II. Tit. 14. A. L. R. findet daher auf denselben keine Anwendung, vielmehr kann, wenn über die Verbindlichkeit zur Entrichtung des Zwanzigsten Streit entsteht, die Entscheidung darüber dem ordentlichen Rechtswege nicht entzogen werden.

Das Oberbergamt zu Bonn beruft sich zur Begründung der entgegengesetzten Ansicht auf das Gesetz vom 12. Mai 1851 und auf zwei Präjudicate des Obertribunals. Es findet in jenem Gesetze wie in diesen Entscheidungen eine ausdrückliche Anerkennung der Richtigkeit der dem Competenzconflict zu Grunde gelegten Behauptung, dass der Bergzwanzigste zu den allgemeinen Staatssteuern und Abgaben im Sinne des §. 78. Th. II. Tit. 14. A. L. R. gehöre. Was zuvörderst das Gesetz vom 12. Mai 1851 betrifft, so hat dasselbe, wie schon oben angeführt ist, in Bezug auf den Bergzehnten nichts weiter geändert, als dass solcher auf die Hälfte des früheren Betrages herabgesetzt worden ist. Aus dem Texte des Gesetzes lässt sich daher die Folgerung nicht ableiten, dass wenn der Bergzehnte bis dahin als eine Nutzung des Bergregals aufzufassen war, nunmehr der Zwanzigste als eine, auf dem Besteuerungsrechte des Staats beruhende allgemeine Anlage anzusehen sei.

In der Ueberschrift des Gesetzes aber, »über die Besteuerung der Bergwerke«, worauf das Oberbergamt anscheinend das Hauptgewicht legt, ist dieser allgemeine Ausdruck, der in seiner weitesten Bedeutung alle Arten von Abgaben umfasst, offenbar nur deshalb gewählt worden, um mit einem Worte den Hauptinhalt des Gesetzes zu bezeichnen, durch welches, neben der Herabsetzung des Zehnten auf den Zwanzigsten, eine neue Steuer, die Aufsichtssteuer, eingeführt worden ist. Eine Aenderung bestehender Grundsätze über die rechtliche Natur des auf die Hälfte ermässigten Zehnten hat bei der Wahl jenes Ausdrucks unzweifelhaft nicht in der Absicht des Gesetzgebers gelegen. Wenn daher der Zehnte nicht schon bei Erlass des Gesetzes vom 12. Mai 1851 als eine, auf dem Besteuerungsrechte des Staates beruhende Abgabe anzusehen war, so kann aus der erwähnten Ueberschrift des Gesetzes nicht gefolgert werden, dass jetzt der Zwanzigste eine solche Abgabe sei.

In den vom Oberbergamte angeführten Präjudicaten des Ober-Tribunals ist zwar angenommen worden, dass der Zehent eine von allen im Privatbesitze befindlichen Bergwerken zu entrichtende landesherrliche Abgabe sei. Dagegen ist in beiden Entscheidungen die Frage, ob diese Abgabe auf dem Besteuerungsrechte des Staats beruhe oder als ein Ausfluss des Bergregals anzusehen sei, unerörtert geblieben. Hierauf allein kommt es aber bei Entscheidung der vorliegenden Competenzfrage an. Es kann deshalb aus jenen Präjudicaten ein Argument für die Begründung des Competenzconflicts nicht entnommen werden.

Der Satz, dass der Bergzehnte eine von allen Privatbergwerken zu entrichtende landesherrliche Abgabe sei, ist übrigens nur insoweit richtig, als das landesherrliche Bergregal reicht. Denn, soweit das Bergwerksregal einem Privatbesitzer zusteht, gebührt diesem Letzteren, und nicht dem Fiscus, der Zehnte von dem Ertrage derjenigen Bergwerke, die nicht von ihm, sondern von dritten Personen betrieben werden, während von denjenigen Bergwerken, die der Privatbesitzer des Bergwerksregals selbst betreibt, ein Zehent nicht zu entrichten ist. Alles dies wird in der 1861 erschienenen Schrift »Uebersicht der bergrechtlichen Entscheidungen des Königlichen Ober-Tribunals«, auf welche das Oberbergamt zur Begründung des Competenzconflicts Bezug nimmt, S. 10 und 27, als richtig zugegeben. Es wird daselbst S. 27 anerkannt, dass der Zehnte das wesentlichste, vielfach auf eine ehemalige Gemeinschaft des Bergherrn mit den Gewerken zurückgeführte Nutzungsrecht aus dem Bergregal ausmache. Der genannte Schriftsteller meint zwar S. 10, dass das Zehntrecht zu den Bestandtheilen des niederen Bergwerksregals nur insofern zu zählen sei, als letzteres von Privatpersonen besessen werde, während das Zehntrecht, insoweit Fiscus das Bergwerksregal besitze, seinen Charakter als natürliches Hoheitsrecht des Staats, mit anderen Worten als Ausfluss des Besteuerungsrechts des Staates behalten habe, und nicht nach den für die niederen Regalien maassgebenden Grundsätzen zu beurtheilen sei. Diese Verschiedenheit der Auffassung der rechtlichen Natur des Zehntrechts ist aber nicht gerechtfertigt. Wenn das Zehntrecht als ein Bestandtheil des Bergwerksregals einer Privatperson als ein aus diesem Regal fliessendes Nutzungsrecht aufgefasst werden muss, so ist nicht abzusehen, aus welchem Grunde das nämliche Zehntrecht, soweit Fiscus das Bergwerksregal besitzt, diesen rechtlichen Charakter verlieren und als Ausfluss des Besteuerungsrechts des Staats behandelt werden soll. Das positive Recht steht einer so verschiedenartigen, von der Person des Inhabers des Bergwerksregals abhängig gemachten rechtlichen Auffassung des Zehntrechts nicht zur Seite. Vielmehr ergiebt sich das Gegentheil aus dem oben angeführten §. 107. Th. II. Tit. 16. A. L. R., insofern darin dem Privatinhaber des Bergwerksregals alle, nicht ausdrücklich ausgenommene, unter dem Bergwerksregal begriffene Rechte des Staats zugeschrieben werden. Denn, da dem Privatinhaber des Bergwerksregals das ihm unbestritten zustehende Zehntrecht durch keine andere gesetzliche Bestimmung beigelegt ist, so kann es nicht zweifelhaft sein, dass der Gesetzgeber zu den im §. 107. erwähnten, unter dem Bergwerksregal begriffenen Rechten des Staats auch das Zehntrecht gezählt, dasselbe mithin, auch wenn es dem Staate zusteht, als einen Ausfluss des Bergwerksregals und nicht als ein auf dem Besteuerungsrechte des Staates beruhendes Recht angesehen hat.

Das Oberbergamt zu Bonn sucht den Competenzconflict endlich durch Berufung auf den §. 300. Th. II. Tit. 16. A. L. R. und auf das Präjudicat des unterzeichneten Gerichtshofs vom 14. Januar 1860 zu rechtfertigen. Diese Entscheidung betraf einen Fall, in welchem die Verpflichtung zur Entrichtung des Zwanzigsten und der Aufsichtssteuer auf Grund des §. 14. des Gesetzes vom 12. Mai 1851 bestritten wurde, weil die rechnungsmässige Ausgabe eines Eisensteinbergwerks in einem Jahre mehr betragen habe, als $\frac{9}{10}$ des rechnungsmässigen Werths der bis zum Jahresschlusse fertig gestellten Producte. Der Competenzconflict wurde damals als begründet anerkannt, weil das Collegium annahm, dass aus der im §. 300. cit. dem Bergamte beigelegten Befugniss, zu bestimmen, wann und wie viel an Verlag erstattet oder an Ausbeute bezahlt werden soll, von selbst als Recht folge, auch über die Frage zu entscheiden, ob $\frac{9}{10}$ von dem in einem Jahre gewonnenen Bruttoertrage eines Bergwerks die rechnungsmässige Ausgabe desselben Jahres übersteigen? Im vorliegenden Falle handelt es sich von der hiervon ganz verschiedenen Frage, welche von der Klägerin wirklich aufgewendete Kosten zu denjenigen gehören, zu denen Fiscus nach Verhältniss seines Zwanzigsten gesetzlich beizutragen hat? Auf die Entscheidung dieser Frage ist die Bestimmung darüber, wie viel von dem Ertrage des Bergwerks als Ausbeute zu zahlen sei, offenbar ohne allen Einfluss. Allerdings stehen beide Gegenstände in einem gewissen Zusammenhange. Denn wenn Fiscus zu den Ausgaben der Klägerin für 1858 ausser dem von ihm anerkannten Beitrage noch 866 Thlr. 1 Sgr. zu contribuiren hat, so vermindern sich die Ausgaben für 1858 um diesen Betrag und die Ausbeute kann um so viel höher festgesetzt werden. Die Bestimmung der Ausbeute ist daher abhängig von der Entscheidung des vorliegenden Streites. Dagegen lässt sich in keiner Weise umgekehrt behaupten, dass die Entscheidung des vorliegenden Streites über das Maass der Beitragspflicht des Fiscus abhängig sei von der Festsetzung der für 1858 zu zahlenden Ausbeute. Die Entscheidung des vorliegenden Streites hängt vielmehr lediglich davon ab, welche Kosten zu den nach §. 101. Th. II. Tit. 16. A. L. R. und nach §. 2. des Gesetzes vom 12. Mai 1851 dem Fiscus antheilsweise zur Last fallenden Zubereitungskosten zu rechnen sind, und die Bestimmung hierüber ist den Bergbehörden weder im §. 300. cit., noch sonst durch eine gesetzliche Vorschrift beigelegt. Es kann hiernach dahingestellt bleiben, ob der §. 300. cit., wie in der Gegenerklärung der Klägerin über den Competenzconflict behauptet und von dem Oberbergrath Brassert in dem im ersten Jahrgange der Zeitschrift für Bergrecht S. 304 ff. abgedruckten Aufsatze angenommen wird, durch den §. 1. des Gesetzes über die Aufsicht der Bergbehörden über den Bergbau vom 21. Mai 1860 (Ges. S. S. 201) aufgehört hat, geltendes Recht zu sein.«

Der letzteren Ausführung, dass §. 300. A. L. R. Th. II. Tit. 16. der Zulässigkeit des Rechtsweges nicht entgegen steht, muss unzweifelhaft beigetreten werden. Dagegen kann man den Ausführungen, welche gegen die Anwendbarkeit des §. 78. A. L. R. Th. II. Tit. 14. gerichtet sind, nicht wohl beipflichten. Es ist jedenfalls nicht richtig, dass in den beiden oben angeführten Entscheidungen des Ober-Tribunals die Frage: ob der Zehnte auf dem Besteuerungsrechte des Staates beruhe, oder als ein Ausfluss des Bergregals anzusehen sei? unerörtert geblieben sei. Denn während in dem Präjudiz 2024. (Entscheidungen Bd. 17. S. 381) der Zehnt fast wörtlich gleichlautend mit der Definition des §. 78. cit. als eine allgemeine, auf allen im Betriebe von Privatpersonen befindlichen Bergwerken haftende Last bezeichnet und in den Gründen des Präjudizes hauptsächlich darauf Gewicht gelegt wird, dass der Zehnte als eine landesherrliche Gebühr und als eine Steuer bezeichnet wird, ist in dem oben mitgetheilten Urtheile vom 28. Juni 1861 geradezu der §. 656. A. L. R. Th. I. Tit. 9. auf den Zehnten angewendet, der doch nach dem Plenarbeschlusse vom 20. März 1846 nur auf die aus dem Besteuerungsrechte fliessenden Abgaben Anwendung finden soll. Das Obertribunal würde daher der Entscheidung des Competenzgerichtshofes nicht beitreten können, ohne mit seinen eigenen Vorentscheidungen in einen flagranten Widerspruch zu treten. Allein auch der Gerichtshof zur Entscheidung der Competenzconflicte selbst hat sich durch das angeführte Urtheil in einen solchen Widerspruch mit eigenen Vorentscheidungen gesetzt. Er hat nämlich noch ganz neuerdings in einem Erkenntnisse vom 4. Juli 1863 in Sachen des Regierungsassessors R. wider das Oberbergamt zu Bonn, betreffend die Zulässigkeit des Rechtsweges über Terminskosten und Auslagen, welches sich im Bd. 4. S. 535 der Zeitschrift für Bergrecht auszugsweise abgedruckt findet, wörtlich ausgeführt:

»Aus dieser Aufzählung geht von selbst die Unrichtigkeit der Behauptung des Conflictbeschlusses hervor, dass es sich von Abgaben oder allgemeinen Anlagen des Staates handele, denen sämmtliche Einwohner des Staates oder alle Mitglieder einer gewissen Klasse unterworfen sind, in Bezug auf welche der §. 36. der Verordnung vom 26. December 1808 den Rechtsweg ausschliesst. Denn Abgaben und Anlagen (conf. Erkenntnisse vom 10. März und 22. September 1855, Justiz-Min.-Blatt 1856 S. 11 u. 13) im Sinne dieses Paragraphen sind, wie §. 78. und die darin allegirten §§. 2. u. 3. Th. II. Tit 14. A. L. R. ergeben, nur Anforderungen, die aus dem Besteuerungsrechte des Staates hervorgehen, wie bei Bergwerken der Zehnte, der Zwanzigste, das Recessgeld, die sogen. proportionelle und fixe Bergwerkssteuer und die künftige 2pCtige Bergwerkssteuer am linken Rheinufer und ähnliche (Gesetze vom 12. Mai 1851, 22. Mai 1861 und 20. October 1862).«

Ebenso wie hier der Zehnte ausdrücklich als eine aus dem Besteuerungsrechte des Staates hervorgehende Abgabe bezeichnet wird, auf welche die im §. 36. der Verordnung vom 26. December 1808 festgesetzte Ausschliessung des Rechtsweges Anwendung findet, wird in dem Urtheile desselben Gerichtshofes vom 11. März 1848 (Justiz-Min.-Blatt S. 323) ausgeführt, dass jede Abgabe, welche allen Bergwerksbesitzern eines Districts zur Last gelegt ist, insbesondere der Beitrag zur Knappschaftskasse, zu den allgemeinen Anlagen im Sinne des §. 36. cit. gehöre und dass mithin der Rechtsweg ausgeschlossen bleibe, wenn er auch sonst nach §. 15. des Reglements vom 20. Juli 1818 in der Regel gegen die Verfügungen der Finanzbehörden gestattet sei. Endlich hat der Competenzgerichtshof den §. 78. A. L. R. Th. II. Tit. 14. in einer Anzahl von Entscheidungen auch auf andere Abgaben angewendet, die nach §§. 21—23. A. L. R. Th. II. Tit. 14. unzweifelhaft zu den Nutzungen aus niederen Regalien zu rechnen sind. Es sei nur gestattet, auf die Erkenntnisse vom 30. October 1582 (Justiz-Min.-Blatt 1853 S. 27), vom 8. April 1854 (Justiz-Min.-Blatt S. 201) und vom 2. October 1858 (Justiz-Min.-Blatt 1859 S. 53) hinzuweisen, welche den Rechtsweg in Bezug auf Chausseegelder und in Bezug auf Zölle für unzulässig erklären, obgleich doch nach §. 8. und §§. 88. ff. A. L. R. Th. II. Tit. 15. auch die Nutzungen der Heerstrassen und die Zollgerechtigkeit zu den niederen Regalien gehören; obgleich auch diese Abgaben nur insoweit an den Staat zu entrichten sind, als die Zollgerechtigkeit des Staates reicht; soweit dieselbe einer Privatperson zusteht, aber dieser letzteren gebühren. Es unterliegt nach der ganz conformen Rechtsprechung des Gerichtshofes zur Entscheidung der Competenzconflicte keinem Zweifel, dass solche Chausseegelder und Zölle, wenn sie von Privaten erhoben werden, einen Gegenstand des Rechtsstreites bilden, dass aber nach §. 78. cit. kein Process über dieselben stattfindet, wenn sie an den Staat zu entrichten sind. Wenn also in diesen Fällen das positive Recht einer verschiedenartigen, von der Person des Inhabers der Zollgerechtigkeit abhängig gemachten rechtlichen Auffassung des Rechtes der Zollerhebung zur Seite steht, so ist nicht ersichtlich, warum in Bezug auf den Bergzehnten dies nicht der Fall sein soll. Es muss vielmehr behauptet werden, dass sowohl in den unter dem Bergregal begriffenen Rechten des Staates, wie in den anderen niederen Regalien allgemeine auf dem Besteuerungsrechte beruhende Abgaben begriffen sein können, bei welchen nicht die Vorschrift des §. 76. A. L. R. Th. II. Tit. 14. Anwendung findet, dass dem Staate bei der Verwaltung der Regalien der Regel nach nur eben die Rechte zukommen, wie jedem Privateigenthümer, sondern die Ausnahme des §. 78. cit., nach welcher über solche allgemeine Anlagen kein Prozess stattfindet. Dass aber der Bergzehnte zu den allgemeinen Anlagen gehört, welchen alle Mitglieder einer gewissen Klasse der Staatseinwohner nach der bestehenden Landesverfassung unterworfen sind, ist in den Erkenntnissen vom 11. März 1848 und vom 4. Juli 1863 anerkannt worden.

Die von Oppenhof (a. a. O. S. 123) ausgeführte Ansicht, dass der Zehnte als ein Theil des in dem landesherrlichen Bergregal enthaltenen Nutzungsrechtes bei der Ueberlassung desselben vorbehalten werde, also auf einem privatrechtlichen Fundamente beruhe, ist mit den Grundprincipien des preussischen Bergrechtes in keiner Weise zu vereinigen. Der Staat nimmt kein Nutzungsrecht an den dem Regal unterworfenen unverliehenen Mineralien in Anspruch (Präjudiz 2144., Plenarbeschluss. Entscheidungen Bd. 19. S. 44—49. Uebersicht S. 8), sondern er überlässt dieselben nach §§. 1. 2. 6. A. L. R. Th. II. Tit. 16. als herrenlose Sachen der Occupation, zu welcher nur seine Einwilligung erforderlich ist. Der erste Finder und in dessen Ermangelung der erste Muther ist aber nach §§. 154. ff. a. a. O. befugt, diese Einwilligung zu fordern, d. h. er ist befugt, in der vorgeschriebenen Form der Muthung zu verlangen, dass ihm der Bau auf das entdeckte Werk innerhalb der gesetzlichen Feldesgrösse verliehen werde.

Die Verleihung enthält also nicht die Vergebung eines in dem Bergregal angeblich enthaltenen Nutzungsrechtes, sondern eine kraft des Gesetzes erfolgende Entscheidung über die nach den Formen des Gesetzes erfolgende Occupation, und der Staat übt durch die Verleihung nicht Vermögensrechte, sondern Majestätsrechte aus.

Die Verleihung erfolgt nach §§. 352. ff. a. a. O. älteren Rechten unbeschadet, und der Beliehene muss dem besser berechtigten Muther oder Finder weichen, auch wenn dieser keine Verleihung erhalten hat (Präjudiz 781., Präjudizienbuch S. 298. Uebersicht S. 90). Ueber den Anspruch auf Verleihung entscheiden die Bergbehörden in dem durch das Gesetz vom 10. Juni 1861 (Ges. Samml. S. 425) §§. 3. 4. geordneten Verfahren, jedoch vorbehaltlich der richterlichen Entscheidung, die der unterliegende Muther im Wege der dinglichen Klage gegen den Beliehenen herbeizuführen befugt ist (Erkenntniss vom 19. März 1858. Entscheidungen Bd. 38. S. 341. Uebersicht S. 105). Gegen den Fiscus findet dagegen eine Klage auf Verleihung des Bergwerkseigenthumes nicht statt, wie dies in dem Bescheide des Justizministers vom 11. December 1835 (Ergänzungen, 4. Ausgabe, Bd. II. 617. Uebersicht S. 10) ausgesprochen und von der Praxis allgemein anerkannt ist.

Wenn also die in der Verleihung vermeintlich enthaltene Uebertragung des Nutzungsrechtes an den regalen Mineralien weder von dem Fiscus im Wege der Klage gefordert werden kann, noch auch von Wirkung ist, soweit der Verleihung nicht ein vorher begründeter Rechtsanspruch zu Grunde lag, so fällt die ganze Voraussetzung von der privatrechtlichen Natur dieses Actes in sich zusammen und es kann auch von einer privatrechtlichen Gegenleistung für diese Uebertragung, oder von dem Vorbehalte eines Theiles dieses Nutzungsrechtes nicht die Rede sein.

In dem von Oppenhof l. c. angeführten Landtagsabschiede vom 30. December 1843 ist diese früher hergebrachte Auffassung zwar festgehalten und zur Widerlegung der von den rechtsrheinischen Bergwerksbesitzern erhobenen Ansprüche auf eine Gleichstellung in der Besteuerung mit den linksrheinischen Bergwerkseigenthümern benutzt worden. Der Gesetzgeber hat aber diese Auffassung vollständig verlassen; er hat die Gleichstellung der Bergwerkssteuern, welche der Landtagsabschied von 1843 als unberechtigt bezeichnete, durch die oben angeführten Gesetze vom 12. Mai 1851, 22. Mai 1861 und 20. October 1862 verwirklicht. Er hat nicht bloss die früher versagte Ermässigung des Zehnten eintreten lassen, sondern er hat zu demselben Zwecke der Gleichstellung aller Landestheile neue Steuern an Stelle aufgehobener Bergwerksabgaben gesetzt (Ges. v. 12. Mai 1851 §. 8.) und früher bestandener Befreiungen von diesen Abgaben aufgehoben (Ges. v. 20. October 1862 §. 5.). Dass diese neuen Steuern nur auf Grund des Besteuerungsrechtes auferlegt werden konnten, mithin dem Rechtswege entzogen sind, leidet auch nach der Auffassung des Competenzgerichtshofes keinen Zweifel. Das Gesetz vom 12. Mai 1851 bildet aber ein untrennbares Ganzes, indem es an die Stelle der bis dahin bestandenen ungleichförmigen Steuersysteme ein gleichförmiges aus drei neuen Steuern: dem Zwanzigsten, der Aufsichtssteuer und dem Recessgelde bestehende Abgabensystem setzte, wie dies auch in dem Rubrum: »Gesetz über die Besteuerung der Bergwerke für den ganzen Umfang der Monarchie mit Ausnahme der auf dem linken Rheinufer belegenen Landestheile« ausdrücklich angekündigt wird. Was also von der Aufsichtsteuer gilt, muss auch von dem Zwanzigsten gelten und es läuft gewiss der Absicht des Gesetzgebers zuwider, wenn von zwei gleichförmigen durch dasselbe Gesetz auferlegten Steuern die eine als eigentliche Steuer behandelt, die andere als eine vermeintliche Reallast dem gerichtlichen Verfahren überantwortet wird. Dass eine Steuer, deren Festsetzung auf schwierigen Werthsermittelungen und zum Theil nur auf annähernden Schätzungen beruht, sich wenig für das processualische Verfahren eignet, bedarf nicht der Ausführung. Man ist auch im Laufe der 70 Jahre, die seit der Emanation des Allgemeinen Landrechtes verflossen sind, stets der Meinung gewesen, dass die Festsetzung dieser Steuer den Verwaltungsbehörden mit Ausschluss des Rechtsweges competire. Selbst die gegenwärtigen Kläger, zu deren Gunsten der Competenzgerichtshof für die Zulässigkeit des Rechtsweges entschieden hat, nehmen nicht das Recht in Anspruch, die Festsetzung des Zehnten selbst im Wege der gerichtlichen Klage anzugreifen. Sie glauben nur, dass über den Beitrag des Fiscus zu den Poch-, Wasch- und Hüttenkosten allein und ausnahmsweise der Rechtsweg offen stehe.

Es ist daher vorauszusehen, dass die oben mitgetheilte Entscheidung des Gerichtshofes zur Entscheidung der Competenzconflicte, trotz der grossen Tragweite, die sie, theoretisch betrachtet, besitzt, doch kaum von grossen praktischen Consequenzen sein wird. Unsere Bergwerksbesitzer werden kaum eine Neigung verspüren, über die Einschätzung ihrer Bergwerksproducte ein immerhin kostspieliges Processverfahren anzustellen, in welchem ihnen die Rolle des Klägers und die Beweisführung zufallen würde, da an dem-Rechte des Fiscus zur executivischen Einziehung der Bergwerks abgaben nach der Verordnung vom 30. Juli 1853 (Ges. S. S. 909) durch die vorliegende Entscheidung nichts geändert wird. Sie werden ihrerseits nicht die steuerliche Natur der Bergwerksabgaben, auf Grund deren sie so viele Jahre hindurch die Herabsetzung dieser Abgaben gefordert und erlangt haben, verabreden und ihnen durch Anrufung der richterlichen Entscheidung den Charakter einer unabänderlichen Reallast beilegen wollen. Sollten dennoch solche Processe angestellt werden, so muss nach den oben angeführten Präjudizien des Ober-Tribunals als wahrscheinlich angenommen werden, dass die Gerichte an der bisher durch 70 Jahre angenommenen Ansicht der Unzulässigkeit des Rechtsweges über die Bergwerksabgaben festhalten werden, zumal da auch von Seiten des Gerichtshofes zur Entscheidung der Competenzconflicte einander direct widersprechende Entscheidungen in den Urtheilen vom 4. Juli 1863 und vom 13. Februar 1864 vorliegen.

Neben den Steuern, welche für Rechnung der Staatskasse von dem Bergbau erhoben werden, wurden in Schlesien auf Grund des Hofrescriptes vom 12. November 1779 (Vater, Repertorium, Bd. 2. S. 469) noch von den Steinkohlengruben Beiträge zu der Bergbauhülfskasse, einem zur Unterstützung und Hebung des Bergbaues gegründeten gemeinnützigen Fonds, entrichtet. Nachdem durch das Gesetz wegen Verwaltung der Bergbauhülfskassen vom 5. Juni 1853 (Ges. S. S. 365) sowohl die beiden schlesischen Bergbauhülfskassen, als auch die ähnlichen in den Provinzen Sachsen und Westfalen bestehenden Institute aus der Verwaltung des Staates an die aus den betheiligten Bergwerksbesitzern gebildeten Corporationen übergegangen sind, hat das auf Grund des früheren Rechtszustandes ergangene Urtheil des Ober-Tribunals vom 16. Februar 1855 (Striethorst's Archiv Bd. 29. S. 3 ff.), durch welches die rechtliche Natur der oberschlesischen Bergbauhülfskasse als einer Institutenkasse anerkannt wurde, nur noch ein historisches Interesse. Anders dagegen verhält es sich mit dem Erkenntnisse vom 12. April 1861 (Entscheidungen Bd. 45. S. 102, Zeitschr. für Bergr. Bd. II. S. 265), welches die Verjährungsfrist der Beiträge zur Bergbauhülfskasse betrifft, und ausführt, dass dieselben der vierjährigen Verjährungsfrist unterliegen, welche das Gesetz vom 18. Juni 1840 (Ges. S. S. 140) für öffentliche Abgaben vorschreibt. Die hierauf bezüglichen Entscheidungsgründe lauten:

»Nach der gründlichen Ausführung der früheren Richter, welche mit demjenigen übereinstimmt, was in der Entscheidung vom 16. Februar 1855 über das Institut der Bergbauhülfskasse gesagt ist, kann nicht bezweifelt werden, dass die Bergbauhülfskasse als eine durch landesherrliche Festsetzung eingerichtete Anstalt anzusehen, welche darauf berechnet ist, den Steinkohlenbergbau in der Provinz Schlesien im Grossen und Ganzen zu heben und dadurch mittelbar auch den Vortheil der einzelnen Grubenbesitzer zu fördern. Diese werden durch Bestimmungen, welche ein Ausfluss der Landeshoheit sind, verpflichtet, Beiträge zu leisten, um im allgemeinen Interesse des Staates und der Provinz den Bergbau auf Steinkohlen zu heben, wodurch freilich mittelbar auch der Vortheil der einzelnen Grubenbesitzer gefördert wird. Von einer blossen nach §§. 169 ff. Th. I. Tit. 16. A. L. R. zu beurtheilenden Privatgesellschaft kann hierbei nicht die Rede sein, vielmehr handelt es sich um die vom Landesherrn festgesetzten Beiträge resp. Abgaben zur Unterhaltung einer öffentlichen Anstalt, und es sind hiermit die Voraussetzungen zur Anwendung des §. 14. des Gesetzes vom 18. Juni 1840 gegeben, wonach auch Abgaben, welche zur Unterhaltung von öffentlichen Anstalten zu entrichten sind, den Bestimmungen des Gesetzes unterliegen.«

Da nach §. 2. des Gesetzes vom 5. Juni 1863 die Erhebung von Beiträgen zur Bergbauhülfskasse durch das Statut mit Genehmigung des Handelsministers angeordnet werden kann und die Natur dieser Beiträge durch das erwähnte Gesetz nicht verändert worden ist, so hat das zuletzt angeführte Präjudiz seine praktische Bedeutung behalten.

Ueber die Rechte der Privatregalbesitzer verhält sich das Erkenntniss vom 9. September 1861 (Zeitschr. f. Bergr. Bd. III. S. 98), welches die Frage erörtert, ob der Besitzer eines Territoriums, welcher einzelne Theile desselben veräussert, dadurch das Bergregal, welches ihm innerhalb seines Territoriums verliehen worden, an den veräusserten Trennstücken verliert. Das Ober-Tribunal verneint diese Frage, indem es im Anschlusse an die Urtheile vom 12. Juli 1852 und vom 1. Juni 1855 (Strieth. Arch. Bd. 7. S. 48, Bd. 18. S. 35. Uebersicht S. 24, 25) die Unabhängigkeit des Regalbesitzes vom Besitze am Grund und Boden deducirt.

Das unter dem Namen des *jus excludendi alios* bekannte Privilegium einzelner schlesischer Gutsbesitzer (Uebersicht S. 28 ff.) hat Veranlassung gegeben zu dem Erkenntnisse vom 11. April 1862 (Zeitschr. f. Bergr. Bd. IV. S. 497), in welchem das Ober-Tribunal die Zulässigkeit des Rechtsweges über die Ansprüche aus der Muthung auch gegenüber dem Besitzer eines Bergbauprivilegiums (*jus excludendi alios*) constatirt. Der übrige Theil der Urtheilsgründe erörtert die Frage, ob das Privilegium des verklagten Grafen H. auf das Areal der gräflichen Fideicommissgüter beschränkt sei oder sich auch auf die zugehörigen Rusticalgrundstücke erstrecke, wobei die letztere Alternative verneint wird.

Schliesslich ist eine für die Rechte der Privatregalbesitzer und der von ihnen beliehenen Bergwerkseigenthümer wichtige Entscheidung des Justizsenates zu Ehrenbreitstein vom 23. Juni 1862 (a. a. O. Bd. IV. S. 523) zu erwähnen, welche das an den Regalbesitzer zu entrichtende Recessgeld betrifft.

Der Bergwerksbesitzer L. B. forderte von der fürstlich W.schen Rentkammer die Erstattung des von ihm executivisch beigetriebenen Recessgeldes für sieben Gruben im Betrage von 204 Thlr. Der Justizsenat erkannte auf Erstattung des erhobenen Betrages, so weit er den Betrag des nach §. 5. des Gesetzes vom 12. Mai 1851 (Ges. S. S. 261) mit 1 Thlr. für jede Grube, also mit 7 Thlr. zu zahlenden Recessgeldes übersteigt. In den Urtheilsgründen wird die Beitreibung des höheren Betrages als in doppelter Beziehung ungerechtfertigt bezeichnet, einmal weil nach den Grundsätzen des deutschen Bergrechtes, welche durch Art. 19. der Nassau-Katzenelnbogischen Bergordnung von 1559 und durch das für den Bergamtsbezirk Siegen und die Standesherrschaft W. erlassene Executionsreglement vom 22. November 1842 bestätigt werden, wegen des rückständigen Recessgeldes keine Execution und kein Process, sondern nur die Freierklärung der Grube stattfindet; sodann weil das im Betrage von 204 Thlr. erhobene Recessgeld, welches eigentlich ein Quatembergeld sei, auf die Bestimmungen der für den Bergamtsbezirk Siegen erlassenen Cabinetsorder vom 31. Januar 1832 gestützt werde, welche nach §. 1. des über die Berghoheit des Fürsten erlassenen Regulativs vom 30. Januar 1828 gleich den übrigen Landesgesetzen auch in der Standesherrschaft W. Geltung erlangt hat.

Ein von der allgemeinen Steuergesetzgebung des Staates unabhängiger Grund zur Erhebung dieses Recess- oder Quatembergeldes liege nicht vor. Vielmehr sei der Betrag des vor dem Jahre 1832 im W.schen erhobenen Recessgeldes gewohnheitsmässig auf 25 Sgr. jährlich, also niedriger als das nach §. 5. des Gesetzes vom 12. Mai 1851 an den Staat zu entrichtende Recessgeld bestimmt gewesen. Sei nun auch dieses Gesetz ausdrücklich nur für die vom Staate verliehenen Bergwerke und über die an den Staat zu entrichtenden Bergwerksabgaben erlassen, so sei doch dadurch die frühere Verordnung für den Bergamtsbezirk Siegen vom 31. Januar 1832 aufgehoben und der Standesherr nicht mehr berechtigt ein lediglich auf Grund dieser Verordnung erhobenes erhöhtes Recessgeld weiter zu erheben.

Die Gründe der vorstehenden Entscheidung müssen überall da Anwendung finden, wo die mit den Privatregalbesitzern über die Ausübung ihres Bergregales abgeschlossenen Regulative die ausdrückliche Bestimmung enthalten, dass sowohl die bestehenden als die neu einzuführenden Landesgesetze zur Anwendung zu bringen sind. Die in dem Gesetze vom 12. Mai 1851 verordnete Ermässigung der an den Staat zu entrichtenden Abgaben muss auch den Bergwerksbesitzern eines solchen Privatregalbezirkes der vertragsmässigen Bestimmung des Regulativs zufolge gewährt werden und der Regalbesitzer ist nicht befugt, beim Wechsel der Landesgesetzgebung über die Abgaben diejenigen Normen auszuwählen, die ihm günstig sind und die ungünstigen ausser Anwendung zu lassen.

§. 3. Die Fündigkeit.

Die Lagerstätten der dem Bergregal unterworfenen Mineralien werden von dem Allgemeinen Landrechte zu den herrenlosen Sachen gezählt (A. L. R. Th. II. Tit. 16. §§. 1. 4. 6, Plenarbeschluss vom 3. October 1849. Präjudiz 2144. Entscheidungen Bd. 19. S. 44 ff. Uebersicht S. 8). Ihre Erwerbung erfolgt im Wege der Occupation (a. a. O. §§. 1. 2.). Diese

Occupation ist abhängig von der Einwilligung des Staates, die im Wege der Verleihung erfolgt (§§. 2. 79). Die Verleihung ist aber durch das Gesetz demjenigen zugesichert, welcher die Lagerstätte zuerst erschürft hat (§. 154.). Die Erwerbung des Bergwerkseigenthums erfolgt also nicht wie die Occupation der herrenlosen Sachen nach den Regeln des Civilrechtes (A. L. R. I. 9. §. 9.) durch die blosse körperliche Besitzergreifung; vielmehr muss die Verleihung des Staates hinzutreten und zu diesem Zwecke muss der Finder, nachdem er die Lagerstätte erschürft hat, noch die Absicht der Aneignung in der schriftlichen Muthung vor dem Bergamte förmlich erklären (§. 155). Die blosse körperliche Besitzergreifung, das Finden der Lagerstätte, bereitet also die Erwerbung des Bergwerkseigenthums nur vor. Sie bildet nicht einmal die nothwendige Voraussetzung dieser Erwerbung. Wenn der Finder von seinem Rechte keinen Gebrauch macht, so erwirbt auch der blosse Muther, der körperlich gar nicht Besitz von der Lagerstätte genommen, sondern nur die Absicht der Aneignung vor dem Bergamte erklärt hat, das Bergwerkseigenthum (§. 158). Die förmliche Handlung der Muthung vertritt also die natürliche Besitzergreifung. Sie hat diese Wirkung aber nur dann, wenn die körperliche Besitzergreifung wenigstens möglich war, wenn die gemuthete Lagerstätte zwar nicht von dem Muther, so doch von einem Anderen gefunden und der unmittelbaren physischen Einwirkung zugänglich gemacht war. Diese Einschränkung ist in dem §. 158. cit. wie folgt ausgedrückt:

> Macht der Finder nach §. 154 sqq. von seinem Rechte keinen Gebrauch, so tritt derjenige, der am ersten den Gang oder das Flötz muthet, an dessen Stelle.

Das Recht des Muthers ist dadurch bedingt, dass die Möglichkeit vorhanden war, durch körperliche Besitzergreifung das in den §§. 154 ff. erwähnte vorzügliche Recht der Verleihung zu erwerben, dass aber Niemand von dieser Möglichkeit Gebrauch gemacht hat. Die gültige Muthung setzt also das Dasein eines Fundes voraus. Wird gemuthet, ohne dass ein Fund gemacht war, so ist die Muthung blind, und sie bleibt ungültig, auch wenn nachträglich das Vorhandensein des gemutheten Minerals an dem bezeichneten Orte entdeckt wird.

So allgemein dieses Requisit der Fündigkeit in dem preussischen und in dem deutschen Bergrechte anerkannt ist, so verschieden sind die Auffassungen über seine rechtliche Bedeutung. Nach der einen Ansicht ist die Gültigkeit der

Muthung dadurch bedingt, dass zuvor ein Finderrecht an der Lagerstätte erworben, aber innerhalb der vierwöchentlichen Muthungsfrist nicht ausgeübt worden ist. In dieses erloschene Finderrecht soll dann der nächste Muther nach §. 158. cit. succediren. Diese Meinung, welche eine Zeitlang unter den Bergbehörden vertreten war, stützt sich auf den Wortlaut des §. 158. Es ist jedoch schon in der früheren Uebersicht §. VI. S. 51 f. nachgewiesen, dass der Gesetzgeber im §. 158. zwar nur den einen Fall erwähnt, dass das Recht des ersten Finders erloschen ist, dass aber nach §§. 159. 161. a. a. O. auch ausser diesem Falle auf jeden vorhandenen Fund gültige Muthung eingelegt werden kann, ohne dass der Muther weder selbst Finderrechte erworben hat, noch auch in fremde Finderrechte eintritt.

Die zweite Meinung setzt den Begriff der Fündigkeit in die historische Gewissheit von dem Vorhandensein der gemutheten Lagerstätte. Sie erklärt die Muthung für ungültig, welche eingelegt wird, ohne dass dieses Vorhandensein vorher nachgewiesen war. Ist aber das Dasein der Lagerstätte irgend einmal durch bergmännische Arbeit nachgewiesen worden, so kann später in jedem Zeitpunkte auf einen solchen Fund Muthung eingelegt werden, auch wenn er nicht mehr zugänglich und nur noch nachrichtlich bekannt ist.

Diese Auffassung ist in einer grossen Zahl von Rechtsfällen zu Tage getreten, so z. B. in dem in Striethorst's Archiv Bd. 31. S. 62. Uebersicht S. 114 ff. mitgetheilten Falle, wo in der Muthung Ausdauer vom 5. October 1853 ein im April 1850 von einem Dritten erbohrtes Steinkohlenflötz und in der Muthung Gerechtigkeit vom 30. April 1855 ein im August 1848 ebenfalls von einem Dritten durchbohrtes Flötz in Anspruch genommen wurde. Die Gültigkeit solcher Muthungen auf fremde nicht mehr zugängliche und nur noch historisch bekannte Funde ist in einem früheren Falle auch von der verleihenden Behörde angenommen worden. H. M. muthete am 18. Juli 1854 unter dem Namen Bochum ein Steinkohlenflötz, welches im Jahre 1846 von dem Bohrmeister K. erbohrt und unter dem Namen Neu-Bochum gemuthet, nach erfolgter Zurückweisung der Muthung aber verlassen worden war. Die Muthung Bochum wurde von dem Bergamte aus dem Grunde zurückgewiesen, weil der ursprüngliche Finder K. wegen Mangel der Schürferlaubniss keine Finderrechte erlangt habe und M. deshalb auch nicht als Muther in solche Rechte succediren könne. Diese Entscheidung, welche auf der zuerst erwähnten

Auslegung des §. 154. beruhte, wurde durch den Ministerialerlass vom 21. October 1854 reprobirt und die Muthung Bochum angenommen. Der Muther vermochte im Termine zur Feststellung des Fundes weder das Bohrloch vorzuzeigen, noch die Stelle zu bezeichnen, an welcher dasselbe gestanden hatte; er berief sich zur Bezeichnung des Fundortes lediglich auf die in den Acten der gelöschten Muthung Neu-Bochum enthaltenen Ermittelungen. Nachdem hierauf die Muthung Bochum abermals von dem Bergamte gelöscht worden, wurde die gegen diese Löschung erhobene Recursbeschwerde zwar durch die Ministerialerlasse vom 27. Januar 1857 und vom 20. November 1858 zurückgewiesen, jedoch nicht wegen der gegen die Gültigkeit der Muthung erhobenen Bedenken, sondern wegen des dem concurrirenden Muther E. für seine Muthung Herminenglück zustehenden Erstfinderrechtes. Dagegen wurde in dem Erlasse vom 20. November 1858 ausdrücklich anerkannt, dass die Muthung Bochum allen gesetzlichen Erfordernissen einer gültigen Muthung entspreche.

Erst die in der jüngsten Zeit zur Entscheidung gelangten Rechtsfälle haben eine Berichtigung der früheren Auffassung sowohl bei dem höchsten Gerichtshofe, als bei der verleihenden Behörde veranlasst.

Die Fündigkeit als Bedingung der rechtsgültigen Muthung besteht nicht in der blossen historischen Gewissheit von der Existenz der gemutheten Lagerstätte. Das Gesetz verlangt als Bedingung der Erwerbung des Bergwerkseigenthums eine Besitzergreifung durch Erschürfen, Entblössen oder Ausrichten der Lagerstätte.*) Allerdings gestattet das Bergrecht auch eine gewissermaassen symbolische Besitznahme durch die blosse Muthung, ohne dass der Muther zuvor körperlich von dem Funde Besitz ergriffen hat. Jedoch müssen auch in diesem Falle die übrigen Bedingungen der Besitzerwerbung vorhanden sein, damit gültig gemuthet werden kann. Die Fündigkeit besteht also entweder in dem körperlichen Besitze der Lagerstätte, oder wenn nicht ein eigener Fund gemuthet wird, in der gegenwärtigen Möglichkeit der Besitznahme. Die Requisite der Fündigkeit fallen also zusammen mit den Requisiten der Besitzergreifung; sie bestehen in der objectiven Möglichkeit des Besitzes und in der Absicht der Aneignung (*animus possidendi*).

*) A. L. R. II. 16. §. 154., Cleve-Märk. B. O. Cap. II. §. 1., Schlesische B. O. Cap. III. §. 1., Chur-Cöln. B. O. Th. III. Art. 1., Homburg. B. O. Art. 7., Chur-Trier. B. O. Th. I. Art. 3. §. 3., Nassau-Katzenelnbog. B. O. Art. 9., Joachimsthal. B. O. Th. II. Art. 1.

Die wirkliche körperliche Apprehension ist nicht erforderlich, sofern nicht das Vorzugsrecht des Finders geltend gemacht wird, sie wird durch die förmliche Handlung der Muthung ersetzt.

Die Möglichkeit des Besitzes ist bedingt durch die Entblössung der Lagerstätte, ohne die eine physische Einwirkung auf dieselbe nicht stattfindet. Es genügt also nicht, dass die Lagerstätte einmal entblösst gewesen ist, sondern sie muss gegenwärtig zugänglich sein. Ihr Dasein muss nicht aus den Acten, sondern aus dem offenen Schürfe ersichtlich sein. Es genügt nicht, dass der Fund auf der Karte gezeigt werden kann, man muss ihn mit der Hand oder mit dem Bohrgestänge berühren und unmittelbar physisch auf ihn einwirken können.

Die blosse Gewissheit, dass an einem Punkte im Jahre 1846 ein Steinkohlenflötz erbohrt worden ist, gewährt nicht die Möglichkeit der Apprehension. Ein Besitz kann an einem solchen nicht mehr aufgeschlossenen Lager nicht bestehen. Eine solche historische Nachricht begründet daher auch nicht die Fündigkeit. Sollte nach der Absicht des Gesetzes die blosse Gewissheit der Existenz der Lagerstätte zur Gültigkeit der Muthung ausreichen, so ist nicht ersichtlich, weshalb nicht der Nachweis dieser Existenz auch nachträglich geführt werden sollte. Es müsste dann auch zulässig sein, die zwischen zwei bekannten Aufschlusspunkten mit Sicherheit projectirte Fortsetzung eines Flötzes zu muthen, ohne dass es dazu eines Fundes bedurfte, weil die auf Schlussfolgerungen beruhende Gewissheit oft mindestens denselben Werth hat als die historische. Allein das Bergrecht verlangt nicht die blosse Gewissheit der Existenz, sondern die gegenwärtige Möglichkeit der körperlichen Besitznahme als Bedingung einer rechtsgültigen Muthung.

Das subjective Moment der Fündigkeit, die Absicht der Aneignung oder der *animus possidendi* folgt ebenfalls allen Regeln des civilrechtlichen Besitzes. Diese Absicht kann nicht gefasst werden, bevor der Muther vollständige und specielle Kenntniss von dem Funde erlangt. Sie kann auch durch Stellvertreter geäussert und so durch Stellvertreter das Recht des Finders oder des Muthers erworben werden.

Der im Vorstehenden entwickelte Begriff der Fündigkeit und die daraus gezogenen Folgerungen bilden den Gegenstand der Erörterung in den nachfolgenden Entscheidungen des Ober-Tribunals (V. Senat) und des Justizsenates zu Ehrenbreitstein.

1. Am 1. August 1856 Morgens 8 Uhr legte der Gewerke St. zu E. bei dem Berggeschwornen des Revieres Kirchen auf einen erschürften Eisensteingang in der Gemarkung Brachbach unter dem Namen Emanuel Muthung ein. An demselben Tage muthete auch der Gewerke B. zu S. eben diesen Eisensteingang, jedoch auf Grund eines anderen in der Nähe erschürften Fundes, und zwar legte er, da über die Reviergrenze Zweifel bestanden, zwei Muthungen auf diesen Fund ein, die eine Morgens 8½ Uhr bei dem Berggeschwornen des Revieres Heller unter dem Namen Höhenzug, die andere um 10½ Uhr bei dem Berggeschwornen des Revieres Kirchen unter dem Namen Neuer Kulenwald. Das Bergamt zu Siegen erkannte der Muthung Emanuel das Vorrecht des Alters zu und wies die Muthungen Neuer Kulenwald und Höhenzug als die jüngeren zurück. Der Gewerke B. erhob hierauf gegen die Erben des verstorbenen St. und gegen die übrigen Theilhaber der Muthung Emanuel Klage mit dem Antrage, diese Muthung zurückzuweisen, dem Kläger aber den streitigen Gang, sei es unter dem Namen Neuer Kulenwald oder Höhenzug zuzuerkennen.

Das Kreisgericht zu Altenkirchen erkannte auch dem Kläger das Recht des ersten Finders für seine Muthung Neuer Kulenwald gegenüber der Muthung Emanuel zu. Auf die Appellation der Verklagten hat aber der Justizsenat zu Ehrenbreitstein am 26. Januar 1860 das erste Erkenntniss abgeändert und den Kläger mit seinem vorgedachten Antrage abgewiesen.

Nach den in der Zeitschrift für Bergrecht Bd. I. S. 235 ff. ausführlich mitgetheilten Gründen dieser Entscheidung war durch die Beweisaufnahme festgestellt, dass die Fundpunkte des streitigen Ganges in dem Reviere Kirchen belegen sind, dass also die Muthung Höhenzug, weil nicht bei dem competenten Geschwornen eingelegt, ungültig ist. Die Muthung Neuer Kulenwald ist später eingelegt als die Muthung Emanuel. Die Parteien streiten jedoch darüber, wer die streitige Lagerstätte zuerst gefunden hat. Ueber diese Frage, welche den Kernpunkt der Entscheidung bildet, ist in den Urtheilsgründen Folgendes bemerkt:

»Die Verklagten haben unbestritten die streitige Lagerstätte am Morgen des 1. August 1856 gefunden. Kläger behauptet, dass er dieselbe schon am 31. Juli 1856 gefunden habe, während die Verklagten behaupten, dass Kläger dieselbe erst am 1. August Vormittags gefunden habe, nachdem die Verklagten bereits fündig geworden. Die Entscheidung dieses Streitpunktes hängt wesentlich davon ab, was man unter einem gültigen muthungsfähigen Funde versteht.

Der erste Richter, welcher annimmt, dass der Kläger bereits am 31. Juli Abends fündig geworden sei, führt aus, dass zu einem muthungsfähigen Funde eine grössere Wahrscheinlichkeit des Vorhandenseins der Lagerstätte genüge, die Entblössung derselben aber um so weniger erforderlich sei, als nach allen Bergordnungen dem Muther nach Einlegung der Muthung noch eine Frist zur Aufschliessung der Lagerstätte gewährt werde. Diese Ansicht muss aber entschieden verworfen werden. Es ist vielmehr erforderlich, dass vor Einlegung einer Muthung die Existenz einer Lagerstätte durch wirkliches Antreffen, Auffinden, Blosslegen desselben zur Gewissheit erhoben werde. Sehr zahlreiche Bergordnungen enthalten hierüber klare und unzweideutige Bestimmungen. Sie lauten übereinstimmend dahin:

Wer einen neuen Gang entblössen und ausrichten wird, der soll der erste Finder sein und des ersten Finders Recht haben.« *)

»Die Chur-Sächsische Bergordnung enthält eine solche ausdrückliche Bestimmung über das Recht des ersten Finders und über die Art, wie dasselbe erworben wird, nicht, bestimmt vielmehr im Art. VII., dass der Aufnehmer nach geschehener Muthung binnen 14 Tagen seinen Gang entblössen solle. Daraus folgert der Kläger und auch der erste Richter, dass es vor der Muthung einer Entblössung des Ganges nicht bedürfe. Diese Folgerung beruht jedoch auf einem Missverständnisse. Das Bergrecht schreibt ein doppeltes Entblössen vor und das Missverständniss des ersten Richters beruht eben darin, dass er dieses nicht getrennt hat. Zur Erlangung der Rechte des ersten Finders wird ein Entblössen des Ganges so weit erfordert, dass die Existenz des Ganges zur Gewissheit erhoben wird; auf die genaue Erkennbarkeit des Hangenden und Liegenden, des Streichens und Einfallens kommt es in diesem Stadium noch nicht an. Erst nach Einlegung der Muthung muss der Finder weitere Aufschlussarbeiten

*) Vergl. die in der vorigen Anmerkung citirten Bergordnungen.

vornehmen, um die Bauwürdigkeit und die Lage des Ganges näher nachzuweisen und so für die Bestimmung des zu verleihenden Feldes die nöthige Unterlage zu gewähren. Nur von dieser ferneren Entblössung ist der Art. VII. der Chur-Sächsischen Bergordnung zu verstehen.«

»Zur Begründung der Rechte des ersten Finders ist also die Entblössung des Ganges und zwar des Ganges selbst erforderlich. Es genügt demnach nicht die Entdeckung blosser Vorläufer des Ganges, wenn diese auch mit der grössten an Gewissheit grenzenden Wahrscheinlichkeit darauf schliessen lassen, dass der Gang in unmittelbarster Nähe sei.

Ausser den vorstehend erörterten objectiven Erfordernissen eines bergrechtlichen Fundes muss noch ein subjectives Moment hinzutreten. Es genügt nicht bloss das mechanische Vordringen bis zu einer Lagerstätte, vielmehr muss der Schürfer sich auch bewusst werden, dass er eine Lagerstätte entblösst, einen Fund gemacht habe. Von demjenigen, welcher eine Lagerstätte entblösst, dies selbst aber gar nicht merkt, die Schürfarbeit vielmehr in der Meinung, dass er noch nicht fündig geworden sei, verlässt, von dem kann man nicht sagen, dass er gefunden habe. Prüft man nach den entwickelten Grundsätzen den erhobenen Beweis, so gelangt man zu dem Resultate, dass Kläger den ihm auferlegten Beweis, dass er früher als die Verklagten den streitigen Eisensteingang gefunden, nicht geführt hat.«

Auf die von dem Kläger gegen diese Entscheidung eingelegte Revision hat das Ober-Tribunal das zweite Erkenntniss bestätigt. In den Gründen des Revisionsurtheils vom 29. Januar 1861, welche in Striethorst's Archiv Bd. 40. S. 214 ff. und in der Zeitschr. für Bergr. Bd. II. S. 255 mitgetheilt sind, wird bezüglich der vorliegenden Frage das Folgende ausgeführt:

»In Betreff der Frage, welcher von den streitenden Theilen der erste Finder des fraglichen Eisensteinganges sei, sind die beiden Vorderrichter darüber einverstanden, dass zu dem Finden im rechtlichen Sinne das mechanische Antreffen eines Mineralganges nicht ausreiche, sondern derjenige, welcher darauf stösst, es sich auch zum Bewusstsein gebracht haben müsse, dass er einen muthungsfähigen Fund gethan habe, bevor er ein Finderrecht daraus herleiten könne.

In der That ist die Verbindung des Willens (*animus*) mit dem körperlichen Ergreifen so sehr Grundbedingung eines jeden Erwerbes eines Rechtes oder Besitzes, an welchen irgend rechtliche Folgerungen sich knüpfen sollen, dass es gar keiner ausdrücklichen speciellen Bestimmung darüber in den Berggesetzen bedurfte, um das subjective Bewusstsein eines objectiv muthungsfähigen Fundes zur Entstehung des Finderrechtes zu erfordern.

Die besondere Betrachtung des Grundes und Zweckes des bergmännischen Schürf- und Finderrechtes, weit entfernt, eine Abweichung von jenem allgemeinen Grundsatze (l. 3. §. 1. *Dig. de acq. amitt. poss.*) zu motiviren, kann es nur noch anschaulicher machen, dass der Erwerb des Finderrechtes dem Bewusstsein, einen gemachten Fund muthen zu können, und dem davon bedingten Willen, die Muthung einzulegen, niemals vorhergehen kann. Es würde dem Zwecke der Bergbaufreiheit und den Gründen der Vorschriften über die Muthung und Verleihung schnurstracks zuwiderlaufen, wenn ein intelligenter Finder, der muthet, das Alter im Felde dadurch verlieren könnte, dass kurz oder lang nach seiner Muthung und vielleicht aus Anlass derselben ein Anderer erst zu dem Bewusstsein gelangt, er habe auch den Fund gemacht, und vor der Bergbehörde ein Schweigen bricht, welches ohne jene Muthung des ersten bewussten Finders niemals oder vielleicht viel später gebrochen worden wäre. Revident und sein Steiger B., der ihn vertrat, hatten aber nach dem Ergebnisse der Beweisaufnahme das Bewusstsein, dass ihr Fund muthungsfähig sei, am 31. Juli 1856 und vor der Muthung des Revisen unzweifelhaft nicht, wie der vorige Richter erschöpfend ausgeführt hat.

Die wiederholte Prüfung der Frage, ob das Vorkommen des Minerals in dem Schurfloche No. 5. am 31. Juli schon ein muthungsfähiger Fund gewesen sei, erscheint demnach unerheblich, indem das Ergebniss derselben in keinem Falle die vorstehenden Gründe, welche für die Bestätigung des angefochtenen Erkenntnisses entscheidend sind, beseitigen oder abschwächen könnte.«

2. Der Lehrer B. hatte am 23. März 1855 auf ein Eisensteinlager im Districte H. Muthung eingelegt und dem Berggeschwornen in dem am 19. Mai 1855 abgehaltenen Besichtigungstermine das erschürfte Lager vorgezeigt. Dem B. wurde eine Aufschliessungsfrist bis zum 17. Januar 1856 gewährt, er hat aber seine Muthung nicht weiter verfolgt.

Am 16. Februar 1856 muthete der Bergverwalter K. das »durch ältere Arbeit bekannte Eisensteinlager im District H.« und wurde mit einem Geviertfelde unter dem Namen Hartmann beliehen. Diese Verleihung wurde von dem Muther eines im Districte W. entdeckten Rotheisensteinlägers, dessen Fundpunkt durch das Geviertfeld Hartmann überdeckt und dessen Muthung deshalb von der Bergbehörde zurückgewiesen worden war, im Wege der gerichtlichen Klage mit der Behauptung angefochten, dass die Muthung Hartmann eine blinde sei. Die Verklagten erwiederten, dass die Muthung auf das von dem Lehrer B. im Jahre 1855 erschürfte Eisensteinlager gerichtet gewesen sei. Der Justizsenat zu Ehrenbreitstein entschied indess in zweiter Instanz zu Gunsten der Kläger, indem er in dem Erkenntnisse vom 12. December 1861 (Zeitschr. für Bergr. Bd. III. S. 93) ausführte: Es genüge nicht zur Gültigkeit der Muthung, dass objectiv ein Fund gemacht, ein Lager entblösst worden, vielmehr müsse sich der Muther vor Einlegung der Muthung eines Fundes bewusst gewordens ein. Bei einem eigenen Funde des Muthers werde dies Requisit sich in der Regel schon daraus ergeben, dass er einen Fund objectiv gemacht hat. Bei der Muthung eines fremden Fundes müsse das Vorhandensein dieses subjectiven Requisites aber noch besonders dargethan werden. Aus der Beweisaufnahme ergebe sich aber, dass der Bergverwalter K., als er die Muthung Hartmann einlegte, den B.schen Fund weder gekannt, noch im Auge gehabt habe.

Dieses Erkenntniss ist auf die eingelegte Revision von dem Ober-Tribunal durch das Urtheil vom 1. Juli 1862 (Zeitschrift für Bergr. Bd. III. S. 368) bestätigt worden. In den Urtheilsgründen wird ausgeführt:

Die Muthung Hartmann gründe sich zwar angeblich auf einen Fund, welcher schon ein Jahr früher von einem Dritten gemuthet und damals auch bereits constatirt war; der Revierbeamte hätte aber dessenungeachtet den bestehenden Vorschriften gemäss sofort nach Einlegung der verklagtischen Muthung die Existenz des Fundes wieder feststellen sollen. Dies sei unterblieben und es fehle die amtliche Constatirung, ob zur Zeit der Muthung vom 16. Februar 1856 noch Aufschlüsse vorhanden waren oder ob dieselben schon wieder zugeworfen oder eingeebnet wären. Allerdings würde die Muthung aufrecht erhalten werden müssen, falls auch nur anderweitig nachgewiesen wäre, dass am 16. Februar 1855 der Aufschluss eines Brauneisensteinlagers so bestanden habe, wie er am 19. Mai 1855 dem Berggeschwornen H. durch den Lehrer B. vorgezeigt worden war. Allein auch dieser Nachweis sei nicht erbracht.

3. Unter dem Namen Gustav muthete B. am 27. Mai 1856 einen Eisensteingang, welchen er bei der Fundesbesichtigung am 12. Juni entblösst vorzeigte. Auf denselben Fund legte einige Tage später am 16. Juni K. unter dem Namen Neuer Jungerwald Muthung und ein nahm für sich das Vorzugsrecht zur Verleihung in Anspruch, weil die Muthung des B. eine blinde gewesen und der am 12. Juni vorgezeigte Gang erst nach dem 27. Mai von ihm, dem K., entblösst worden sei. Das Bergamt zu Siegen schützte indess die Muthung Gustav als die ältere und verwies K. auf den Rechtsweg. K. klagte

hierauf gegen B. auf Anerkennung des Vorzugsrechtes seiner Muthung Neuer Jungerwald vor der Muthung Gustav.

Das Gericht erster Instanz legte dem Kläger den Beweis auf, dass der Verklagte bei Einlegung seiner Muthung noch nicht fündig gewesen sei, und wies demnächst die Klage zurück, weil es diesen Beweis nicht für geführt annahm. Der Justizsenat zu Ehrenbreitstein legte dagegen in der Appellationsinstanz dem Verklagten den Beweis auf, dass er vor Einlegung der Muthung gefunden habe. Wie nämlich zur Begründung der Klage der Nachweis gehöre, dass der Kläger gemuthet und gefunden habe, so habe demnächst auch der Verklagte zur Begründung seiner Einrede nachzuweisen, dass er früher nicht bloss gemuthet, sondern auch gefunden habe. Nach stattgefundener Beweisaufnahme änderte dann der Justizsenat das erste Erkenntniss durch das Urtheil vom 6. December 1859 (Zeitschr. f. Bergr. Bd. II. S. 384) ab, indem er im Anschluss an ein Gutachten des Oberbergamtes zu Bonn annahm, dass nicht das Auffinden der »Gangmasse«, d. h. abgetrennter loser Stücke von dem Ausgehenden des Ganges, sondern nur das Vordringen bis zu dem Körper des zusammenhängenden Ganges die Fündigkeit begründe.

Das Ober-Tribunal bestätigte auf die von dem Verklagten eingelegte Revision am 11. September 1860 das zweite Erkenntniss aus folgenden Gründen (a. a. O. S. 386):

»Der Revident hat die verurtheilende Entscheidung des Appellationsrichters noch ganz besonders und hauptsächlich um deswillen angefochten, weil der Appellationsrichter dabei von einer unrichtigen Vertheilung der Beweislast ausgegangen sei, indem nicht ihm, dem Revidenten, der Beweis, dass er vor der eingelegten Muthung vom 27. Mai 1856 den streitigen Eisensteingang gefunden gehabt, sondern dem Revisen der Beweis obgelegen habe, dass die Muthung des Revidenten eine blinde gewesen. Hierüber bedarf es jedoch gegenwärtig keiner weiteren Auseinandersetzung mehr, und kann namentlich die Frage, ob in jener Beziehung vom ersten Richter oder von dem Appellationsrichter die Beweislast richtig vertheilt worden, sehr füglich unbeantwortet dahin gestellt bleiben. Denn der Revident ist von dem Appellationsrichter nach dem Klageantrage nicht um deswillen verurtheilt, weil er jenen ihm allerdings vom Appellationsrichter auferlegten Beweis nicht zu führen vermocht. Diese seine Verurtheilung beruht vielmehr darauf, dass Revise neben dem Beweise, bei seiner Muthung vom 16. Juni 1856 fündig gewesen zu sein, durch die von ihm in zweiter Instanz producirten Sachverständigen Gerlach und Schmidt den Beweis vollständig erbracht hat, dass die von dem Revidenten am 27. Mai 1856 eingelegte Muthung eine blinde gewesen. Und bei diesem Beweisresultate muss es von selbst als gleichgültig erscheinen, dass der Revise den zuletzt gedachten Beweis als directen Gegenbeweis gegen den dem Revidenten vom Appellationsrichter auferlegten Beweis geführt hat.

Von dem Appellationsrichter ist endlich noch zur Genüge ausgeführt, dass der Revident bei den von ihm schon früher, und namentlich im Jahre 1855, in dem fraglichen Schachte vorgenommenen Arbeiten ebenfalls nicht fündig geworden, indem er damals nur Eisensteingangmasse und keinen wirklichen Eisensteingang aufgefunden gehabt. Die Richtigkeit dieser Ausführung ist von dem Revidenten in keiner Weise angefochten, und kann es auch nicht bedenklich sein, derselben hier lediglich beizutreten. Insbesondere ist der Ansicht des Appellationsrichters nur beizupflichten, dass, um als fündig betrachtet werden zu können, die Auffindung einer blossen Eisensteingangmasse nicht genügt, dass dazu vielmehr die Aufdeckung eines wirklichen Eisensteinganges einer Lagerstätte erforderlich ist. Das letztere ist auch schon mehrfach *in judicando* angenommen, und lässt sich das Gegentheil keineswegs, wie der erste Richter will, aus dem §. 31. des Ministerialerlasses vom 31. März 1852,*) welcher lediglich von dem Falle handelt, wenn eine Muthung sofort als blind zurückzuweisen ist, folgern. Jene Ansicht wird vielmehr durch den Inhalt des §. 30. dieses Erlasses als vollkommen richtig bestätigt.

Dieselben Grundsätze von der Beweislast der Fündigkeit sind dann wiederholt in dem Erkenntnisse des Ober-Tribunals vom 7. October 1862 (Zeitschr. für Bergr. Bd. IV. S. 124) angenommen worden.

In den vorstehenden Entscheidungen werden objective und subjective Erfordernisse der Fündigkeit unterschieden. Als objectives Requisit wird erfordert die Entblössung der Lagerstätte, und zwar bis auf den Körper des zusammenhängenden Ganges. Das blosse Auffinden von Bruchstücken, die nur das Dasein des Ganges anzeigen, genügt nicht. Die Lagerstätte muss ferner zur Zeit der Muthung entblösst sein. Wird ein verlassener fremder Fund gemuthet, so hängt die Gültigkeit der Muthung davon ab, ob die früheren Aufschlüsse noch vorhanden und zugänglich waren oder ob sie bereits zugefüllt sind. Endlich muss der Muther auch als Verklagter beweisen, dass er vor der Einlegung der Muthung gefunden hat, weil eben die Fündigkeit nicht in einer blossen Thatsache: der Existenz der Lagerstätte, sondern in einer durch subjective und objective Momente bedingten Erwerbshandlung besteht. Für die Beurtheilung der Fündigkeit werden also dieselben Regeln zur Anwendung gebracht, welche für die Besitzergreifung gelten, unter deren Begriff der bergrechtliche Fund nach dem im Eingange Gesagten subsumirt werden muss.

Auch die verleihende Behörde hat in mehreren neueren Entscheidungen dieselben Grundsätze bei der Beurtheilung der

---

*) Betreffend die Ausfertigung von Schürfscheinen und die Instruction der Muthungen (Bd. I. *A.* S. 45 der Zeitschr. f. Berg-, Hütten- u. Salinenwesen).

Fündigkeit zur Anwendung gebracht. So z. B. in der Recursentscheidung vom 12. Februar 1862 über die Muthung Halt. Diese Muthung war auf die Behauptung gegründet, dass mit einer aus der Grube Frischauf betriebenen Strecke die Markscheide dieser Grube (deren Lage zwischen den Gewerkschaften der Gruben Frischauf und Franzisca Tiefbau streitig ist) überfahren und das Flötz, in welchem die Strecke aufgefahren wurde, im Freien durchfahren worden sei. In welcher Länge des Streckenbetriebes die Markscheide überschritten und der behauptete Fund gemacht worden sei, war in der Muthung nicht angegeben. Der Muther erklärte auch auf Befragen, dass er den Fund nicht an Ort und Stelle gemacht, sondern nur erfahren, dass mit dem Streckenbetriebe das Muldentiefste erreicht und somit die Lage der streitigen Markscheide der Grube Frischauf festgestellt worden sei. Die Muthung Halt wurde von dem Oberbergamte zu Dortmund zurückgewiesen, weil die Muthung sich weder auf den eigenen Fund des Muthers, noch auf den nicht nach Vorschrift verfolgten Fund eines Dritten gründe und deshalb nicht von rechtlicher Wirkung sein könne. Dieser Entscheidungsgrund, welcher auf der oben erwähnten restrictiven Auslegung des §. 158 cit. beruht, wurde in der Recursentscheidung des Handelsministers reprobirt, indem angenommen wurde, dass jeder im Freien entblösst vorliegende Fund ohne Rücksicht auf die Art seiner Entstehung von Jedermann im Wege der Muthung in Anspruch genommen werden könne. Allein eine solche Besitznahme kann nur in Bezug auf einen örtlich bestimmten Fund stattfinden. Es ist keine Occupation möglich an einem Punkte, dessen Lage erst künftig durch das Ergebniss einer Beweisarbeit oder durch den Ausfall eines Processes festgestellt werden soll. Die Muthung wurde daher wegen der mangelnden örtlichen Bezeichnung des Fundes zurückgewiesen. Dieselben Grundsätze sind angenommen in der Recursentscheidung des Handelsministeriums vom 6. August 1863, betreffend die Muthung Friederike Josephe.

Wendet man die in der vorigen Untersuchung gefundene Begriffsbestimmung des bergrechtlichen Fundes auf das F i n d e r r e c h t an, so charakterisirt sich dasselbe als der durch die körperliche Apprehension vollständig erworbene Besitz an der Lagerstätte. Auch zu dem körperlichen Besitze des Finders, der die Lagerstätte selbst zuerst erschürft hat, muss noch die Muthung hinzu treten, um Bergwerkseigenthum zu begründen. Aber dieser Besitz des Finders äussert seine Wirkung schon vor der Einlegung der Muthung, indem er andere Muther von der Erwerbung der besessenen Lagerstätte ausschliesst. Dieses Vorzugsrecht des Finders ist eben nichts anderes als die nothwendige Folge der Ausschliesslichkeit jedes Besitzes. Wenn, wie wir oben gesehen haben, zu der Muthung zwar nicht der körperliche Besitz, aber doch die Möglichkeit der Besitzergreifung an der Lagerstätte erfordert wird, so ergiebt sich, dass auf die im körperlichen Besitze des Finders befindlichen Lagerstätte keine Muthung eingelegt werden kann, weil eine Besitzergreifung an derselben nicht möglich ist, so lange der Besitz des Finders fortdauert. Alle sonstigen Vorstellungen von der Natur des Finderrechtes, welches bald als eine aufmunternde Prämie für den Fleiss des Schürfers, bald als eine durch den Schürfschein zum Voraus ertheilte bedingte Verleihung charakterisirt worden ist, sind entweder unjuristisch oder mit den Fundamentalsätzen des deutschen Bergrechtes, mit der Bergbaufreiheit, unverträglich. Aus der Auffassung des Finderrechtes als juristischer Besitz lassen sich aber mit Leichtigkeit alle die Regeln für seine Erwerbung ableiten, die in dem oben angeführten Erkenntnisse des Justizsenates zu Ehrenbreitstein vom 26. Januar 1860 den Gegenstand ausführlicher und interessanter Erörterungen bilden (Zeitschrift für Bergrecht Bd. I. S. 235 ff.). Der Besitz muss ein vollständiger sein, es ist also objectiv die gänzliche Entblössung der Lagerstätte und subjectiv die Absicht der Aneignung zur Erwerbung nothwendig. Er muss redlicher Weise erworben werden, das Finderrecht kann also nicht durch unerlaubte Handlung oder durch Verletzung eines entgegenstehenden fremden Rechtes erworben werden (a. a. O. S. 248).

Nach preussischem Bergrechte muss der Besitz des Finders nicht bloss ein vollständiger und redlicher, sondern auch ein titulirter Besitz, d. h. auf Grund eines Schürfscheines erlangt sein. Dies gilt, wie Brassert in der Zeitschr. f. Berg-, Hütten- u. Salinenwesen Bd. III. S. 209 f. gezeigt hat, für das Gebiet des gemeinen Bergrechtes nicht. Das Ober-Tribunal, welches in dem Erkenntnisse vom 20. Juni 1854 (Striethorst Archiv Bd. 13. S. 202) auch für das gemeine deutsche Bergrecht die Ansicht aufgestellt hatte, » dass dem zufälligen Finder, wenn er mit einem mit Schürfschein versehenen Finder collidirt, die Rechte eines ersten Finders nicht zustehen «, hat in zwei neueren Entscheidungen diese Ansicht verlassen. Es bemerkt in dem Erkenntnisse vom 14. November 1860 (Striethorst's Archiv Bd. 39. S. 208, Zeitschr. f. Bergr. Bd. II. S. 117):

»Der Art. 9. der Nassau-Katzenelnbogischen Bergordnung, welcher vom Schürfen handelt, verordnet:

»Einem jeglichen Bergmann soll hiermit nachgelassen und vergünstiget sein, auf diesen und anderen Unsern zuständigen Gründen auf alle Metalle nach Gängen, Klüften und Geschicken ohne der Grundherrn und Besitzern der Güter Verhinderung zu schürfen, und welcher also einen neuen Gang entblössen und ausrichten wird, der soll der erste Finder sein, auch des ersten Finders Recht, nämlich ein Fundgruben haben, die Massen aber sollen den ersten Miedern verliehen werden.«

Bei der hierin gestatteten allgemeinen Freiheit, zu schürfen, kann kein Gewicht darauf gelegt werden, dass Kläger selbst nicht behaupten, einen Schürfschein erhalten zu haben, sie müssen vielmehr im Allgemeinen den mit Schürfschein versehenen Findern gleichgestellt werden, dergestalt, dass der Satz des Präjudizes 1182. — Präjud. Buch S. 218 —

dass beim zufälligen Funde nicht schon die Auffindung, sondern erst die in Folge derselben eingelegte Muthung ein Recht auf Verleihung begründet,

ihnen nicht entgegensteht.

Die Kläger sind nicht bloss zufällige Finder, sie haben auf Grund der im Art. 9. der Bergordnung ertheilten Erlaubniss geschürft und gefunden, und diese Vorschrift macht das dem ersten Finder ertheilte Recht nicht von dem Besitze eines Schürfscheines abhängig.«

Zu demselben Resultate gelangt das Ober-Tribunal in dem oben bereits angeführten Erkenntnisse vom 29. Januar 1861, in dessen Entscheidungsgründen über die vorliegende Frage bemerkt wird:

»Als zweiter Grund zur Rechtfertigung der Revision ist die Behauptung erneuert, dass den Revisen das Recht des ersten Finders dem Revidenten gegenüber nicht gebühre, weil dieser einen Schürfschein gehabt habe, jener nicht. Die Gegengründe des vorigen Richters sind jedoch durchgreifend und nicht erschüttert. — — — Setzt man aber auch einen solchen Besitz (nämlich eines gültigen Schürfscheins) auf Seite des Revidenten voraus, so ist doch seine Folgerung aus der Unbekanntschaft der Chur-Sächsischen Bergordnung mit Schürfscheinen, dass unter der Herrschaft derselben das gemeine Bergrecht als Subsidiarrecht zur Anwendung kommen und darnach ein Schürfschein des Finders erfordert werden müsse, unhaltbar; er übersieht dabei, dass die Chur-Sächsische Bergordnung von 1589, welche unbestrittenermaassen in dem in Rede stehenden Theile der vormaligen Grafschaft Sayn-Altenkirchen recipirt ist, einer Zeit angehört, worin die Schürfscheine, und insbesondere die Abhängigkeit des Finderrechts von dem Besitze eines Schürfscheines, noch fast allen Bergordnungen fremd, also gewiss nicht gemeinrechtlich waren, dass der Art. II. der genannten Bergordnung Jedermann zum Schürfen durch das Versprechen von Schürfgeldern ansporut, und dass dieselbe ihre Herrschaft im bezeichneten Gebiete gerade auch hinsichtlich der fortdauernden Seltenheit von Schürfscheinen bewahrt hat (Brassert in der Zeitschrift für Berg-, Hütten- u. Salinenwesen Bd. III. S. 209 ff.). Das Urtheil vom 20. Juni 1854 (Strieth. Arch. Bd. 13. S. 202) kann für den vorliegenden Fall in keiner Weise maassgebend sein, weil es sich auf ein Landesgebiet bezog, wo kein geschriebenes Bergrecht eingeführt ist, damals zudem die Concurrenz eines zufälligen Fundes mit einem auf Grund eines Schürfscheins gemachten Funde den Streitgegenstand bildeten, während es sich gegenwärtig um zwei erschürfte Funde handelt. (Brassert a. a. O. S. 222, 226; Klostermann ebend. Bd. VII. S. 259.)

Beide Entscheidungen sind als Ausnahmen von der in dem Erkentnisse vom 20. Juni 1854 angenommenen gemeinrechtlichen Regel aufgefasst. Die Ausnahme, welche für das Gebiet der chursächsischen und der nassauischen Bergordnung gemacht wird, muss aber für alle vor der Einführung der Schürfscheine erlassenen Bergordnungen, also für alle im Gebiete des gemeinen Rechtes geltenden Bergordnungen gemacht werden (vergl. Brassert a. a. O. S. 212 ff.). Sie hebt also die vermeintliche Regel des gemeinen Rechtes vollständig auf.

Auch der Verlust des Finderrechtes muss nach gemeinem deutschen Bergrechte lediglich nach den Regeln vom Verluste des Besitzes beurtheilt werden, da die Bergordnungen keine Frist für die Ausübung des Finderrechtes durch Einlegung der Muthung bestimmen. Das Finderrecht dauert also so lange fort als die Möglichkeit der physischen Einwirkung und die Absicht der Aneignung. Es geht verloren, wenn der Schürf verbricht, ohne dass der Finder nach erhaltener Kenntniss Anstalt macht, ihn wieder aufzuwältigen, wenn er oder seine Arbeiter von fremden Schürfern verdrängt werden oder wenn der Finder den Schürf verlässt, in der Absicht, sein Recht nicht weiter zu verfolgen. So lange der Besitz des Finders dauert, so lange kann er das Recht des ersten Finders gegen jeden Muther geltend machen, indem er selbst Muthung auf seinen Fund einlegt. Das preussische Bergrecht bindet dagegen das Vorzugsrecht des Muthers an eine Frist von vier Wochen, innerhalb deren die Muthung eingelegt werden muss (§. 155.). Das Ober-Tribunal legt in dem Erkenntnisse vom 14. November 1860 (Strieth. Archiv Bd. 39. S. 207, Zeitschr. f. Bergr. Bd. II. S. 116) dieser Vorschrift subsidiarische Kraft für das Gebiet der Provinzialbergordnungen bei, welche ihrerseits das Recht des ersten Finders an keine Frist binden.

Nach dem Plenarbeschlusse vom 12. Juni 1843 (Entscheidungen Bd. 9. S. 90, in der früheren Uebersicht S. 54) sollte das Vorzugsrecht zur Verleihung (§. 154.) nicht bloss dem Finder für den vor Einlegung der concurrirenden Muthung gemachten Fund, sondern auch dem blossen Schürfscheininhaber gegenüber jedem zufällig Findenden zustehen, so dass der Erstere jeden in seinem Schürffelde gemachten Fund für sich in Anspruch nehmen könnte. Dieses Präjudiz, welches auf einer irrigen Auffasung von der Bedeutung des Schürfscheines beruhte und in der Praxis fast gänzlich verlassen ist, ist auch in einem neuerdings von dem Obertribunale entschiedenen Falle nicht angewendet worden. Das Obertribunal hat nämlich in der Entscheidung vom 28. Februar 1862 (Strieth. Archiv Bd. 39. S. 206, Zeitschr. f. Bergr. Bd. III. S. 114) angenommen, dass der Plenarbeschluss vom 12. Juni 1843 nicht Anwendung findet auf Schürfscheine, die nicht nach den Vorschriften des Allg. Landrechts auf bestimmte Zeit (1 Jahr und 6 Wochen) ertheilt sind. Eine solche Schürferlaubniss von unbestimmter Dauer, wie sie in dem angeführten Falle im Jahre 1794 von dem Abte zu Werden ertheilt war, kann auch nach der Ausführung des Obertribunals nicht als noch gegenwärtig zu Recht bestehend angesehen werden, wenn nicht die Verlängerung derselben nachgewiesen ist und die Entscheidung darüber, ob ein solcher Schürfschein noch in Kraft ist oder nicht, ist nicht, wie von dem Imploranten behauptet worden war, der Kompetenz der Gerichte entzogen.

§. 4. Die Muthung.

Das Recht des Muthers ist in den bisherigen Entscheidungen des Obertribunals stets als ein dingliches Recht an dem gemutheten Bergwerke bezeichnet worden, welches im Wege der dinglichen Klage auch ohne vorherige Beleihung verfolgt werden kann und welches die auf das gemuthete Feld seitens eines Dritten eingelegte Muthung eben wegen seiner dinglichen Natur unbedingt und für immer ausschliesst. (Vergl. die Entscheidungen vom 3. Januar 1840 (Präjudiz 781), vom 13. November 1850 und vom 19. März 1858, Uebersicht S. 90, 99 und 105).

Neuerdings hat indess der fünfte Senat sich mit dieser von dem dritten Senate bisher stets festgehaltenen Auffassung in einen unverkennbaren Widerspruch gesetzt durch das Erkenntniss vom 28. October 1862 (Strieth. Archiv Bd. 47. S. 122.)

Die Imploranten hatten gegen die auf Grund eines Kaufvertrages über die Muthung Weidenstamm erhobene Eigenthumsklage die mangelnde Tradition der Grube und die mangelnde gerichtliche Bestätigung des Kaufvertrages eingewendet und ausgeführt: In der Muthung sei die Occupation und somit der Erwerb des Bergwerks enthalten, die Belehnung aber spreche nur die staatliche Anerkennung dieser Occupation aus. Demnach gebe die Muthung ein dingliches dem Eigenthume analoges Recht, für welches im Rechtsverkehr alle Regeln ebenso wie bei dem Eigenthume gelten müssen. Der mittelbare Erwerb einer Muthung erfordere demnach ausser dem Kaufvertrage auch die Uebergabe und der Appellationsrichter, welcher dies verkenne, verletze daher l. 20 Cod. 2., 13. de pactis.

Das Obertribunal hat diese Beschwerde aus folgenden Gründen verworfen:

Die Annahme einer Occupation des Bergwerkseigenthums durch die Muthung und eines mittelbaren Erwerbes dieses Eigenthums durch Cession der Muthung ist unbegründet. Das Bergrecht spricht nicht der Muthung die Kraft einer Occupation zu, vielmehr wird das Eigenthum und der Besitz des Bergwerkes erst durch die landesherrliche Verleihung erworben. Das Muthen enthält nur das Bewerben um die Verleihung dieses Eigenthums und des Besitzes, —

Karsten, Bergrecht §§. 77. 92. 111.; Hacke §. 126.

so dass der Muther vor der Verleihung, da ihm weder das Eigenthum noch der Besitz zusteht, durch Cession seiner Muthung diese Rechte nicht auf einen Dritten übertragen kann.

Man wird nicht behaupten wollen, dass durch die Hinweisung auf Karsten und Hacke die vorliegende Frage irgendwie erschöpft sei, zumal da der abweichenden Auffassung des dritten Senates gar nicht gedacht wird.

Es muss aber auch behauptet werden, dass die Frage, ob das Recht aus der Muthung durch Cession ohne Besitzübergabe übertragen werden könne, von dem Streite aber die dingliche Natur des Rechtes aus der Muthung ganz unabhängig ist. Auch die herrschende Meinung, welche das Recht des Muthers als ein dingliches Recht an der gemutheten Lagerstätte betrachtet, ist keineswegs zweifelhaft darüber, dass dieses Recht Gegenstand der Cession ist. Die Besitzerwerbung ist ja nach dem Vorigen nicht einmal zur unmittelbaren Erwerbung des Rechtes aus der Muthung erforderlich, da man auch ohne körperliche Apprehension des Fundes muthen kann. Auch die mittelbare Erwerbung dieses Rechtes wird also nicht durch Tradition, sondern ebenso wie bei allen anderen dinglichen Rechten ausser dem Eigenthume durch Cession bewirkt. Selbst wenn man das Recht aus der Muthung, wie dies in der früheren Uebersicht S. 102 für das ältere Recht vor dem Gesetze vom 1. Juli 1821 geschehen ist, als ein nur seiner Wirkung nach bedingtes Bergwerkseigenthum bezeichnet, so wird doch auch durch diese Annahme die Cession keineswegs ausgeschlossen, denn dieses bedingte Recht ist Gegenstand eines Verfahrens, welches aus Partei- und Amtshandlungen zusammengesetzt ist, von deren Ausfall resp. Erfüllung die Realisirung des Rechtes durch die Verleihung abhängig ist. Es würde also immerhin auch da, wo die Tradition der gemutheten Lagerstätte möglich und rechtlich denkbar ist, neben derselben die Cession des aus dem schwebenden Verfahren entspringenden Actionenrechtes stattfinden, und der Cessionar würde durch seinen Eintritt in das Instructionsverfahren und durch die in demselben erlangte Verleihung das Bergwerkseigenthum gewinnen. Ueberall da aber, wo nicht blos die Ausübung des gemutheten Bergwerkseigenthums durch die Erwirkung der Verleihung in dem gesetzlich geordneten Verfahren bedingt ist, sondern wo in diesem Verfahren erst der Gegenstand des künftigen Bergwerkseigenthums in seinen Grenzen bestimmt wird, wo die künftige Sache des Bergwerkseigenthümers, das zu verleihende Feld erst durch die Verleihung nach seiner Lage und Ausdehnung, also nach den Bedingungen seiner Invidualität fixirt, mithin rechtlich existent wird, in allen Fällen der Verleihung nach dem Gesetze vom 1. Juli 1821 also, kann von einer Uebertragung des Rechtes aus der Muthung durch Tradition nicht die Rede sein. Dass endlich die Erfüllung der für die Uebertragung von Immobilien vorgeschriebenen Formen, die gerichtliche Bestätigung des Vertrages da nicht erforderlich ist, wo nur die Cession eines Rechtes stattfindet, welches durch keine gesetzliche Bestimmung den für die Veräusserung der Immobilien vorgeschriebenen Formen unterworfen ist, darf nicht bezweifelt werden.

Der fünfte Senat hat sich daher mit der herrschenden und vom dritten Senate stets angenommenen Meinung von der Dinglichkeit des Rechtes aus der Muthung in Widerspruch gesetzt, ohne dass dazu in der zu entscheidenden Frage eine zwingende Veranlassung vorlag.

Dasselbe lässt sich von dem Erkenntnisse des Appellationsgerichtes zu Hamm vom 12. Juli 1860 sagen, welches die in der früheren Uebersicht S. 97 und 108 ff. erörterte Frage von der dauernden Wirkung der bloss vorübergehenden Ueberdeckung des Fundpunktes betrifft. Das Appellationsgericht tritt der in der Uebersicht a. a. O. vertheidigten Auffassung bei, jedoch aus den folgenden in der Zeitschrift für Bergrecht Bd. I. S. 634 mitgetheilten Gründen, deren Tragweite weit über die Grenze der zu entscheidenden Streitfrage hinaus reicht:

»Kein Gesetz legt der älteren Muthung die Wirkung bei, dass alle jüngere Muthungen völlig bedeutungslos und nichtig seien. Die Gesetze sprechen nur von einem vorzugsweisen Anspruche des älteren Muthers auf Belehnung vor dem jüngeren Muther (§. 3. Cap. II. der Cleve-Märk. Bergordnung; §. 161. Th. II. Tit. 16. A. L. R.), und aus der rechtlichen Natur der Muthung lässt sich eine solche Wirkung ebenfalls nicht ableiten. Der aus der Muthung entspringende gesetzliche Anspruch auf Verleihung ist keinesweges schon als ein Recht auf den gemutheten Gegenstand der Bergregalität selbst anzusehen. Eine Muthung erscheint nicht als eine Occupation, vielmehr ist zur Erwerbung eines Gegenstandes des Bergregals eine Uebertragung des dem Staate daran zustehenden Rechtes von Seiten des Letzteren erforderlich. Durch die Freierklärung des Bergbaues (§. 79. Th. II. Tit. 16. A. L. R.) ist zwar Jedem, der eine gehörige Muthung einlegt, ein gesetzliches Recht auf diese Uebertragung zugesichert. Daraus folgt aber nicht, dass schon mit Einlegung der Muthung der Uebergang des Rechtes des Staates auf die Privatperson verbunden sei. Dieser Uebergang findet vielmehr erst durch den Act der Verleihung oder Belehnung statt. Bis zu dem Zeitpunkte, wo diese erfolgt, bleibt also der Staat im Besitze seines aus dem Bergwerksregal fliessenden Rechtes auf den gemutheten Gegenstand, und die Muthung ist nur als ein gültiger Titel zur Erwerbung des Bergwerkseigenthums zu betrachten. Dieser Anspruch des Muthers ist aus dem Rechte des Staates herzuleiten, und es muss daher eine jüngere Muthung, welche vor erfolgter Belehnung eingelegt ist, an und für sich einen eben so gültigen Erwerbstitel gewähren wie die ältere Muthung, weil bis zu jenem Zeitpunkte das zu verleihende Recht noch im Besitze des Staates sich befindet; nur kann die jüngere Muthung nicht in Wirksamkeit treten, so lange ihr das vorzugsweise Recht der älteren Muthung auf Beleihung entgegensteht. Fällt aber dieses Hinderniss fort, so ist gar kein Grund mehr vorhanden, der jüngeren an und für sich gültigen Muthung die Geltung und Wirksamkeit zu versagen. Anders gestaltet sich die Sache, wenn bereits eine Verleihung erfolgt ist. Alsdann hat das Recht des Staates auf den gemutheten Gegenstand aufgehört, und dieser ist in das Privateigenthum des Beliehenen getreten. Nur von Letzterem können dann noch Rechte auf diesen Gegenstand hergeleitet werden. Eine auf ein bereits verliehenes Feld eingelegte Muthung muss daher allerdings gegenstandlos und nichtig ercheinen.

Jeder der vorstehenden Sätze: »Kein Gesetz legt der älteren Muthung die Wirkung bei, dass alle jüngeren Muthungen nichtig seien.« — »Der Anspruch aus der Muthung ist keinesweges als ein Recht auf den gemutheten Gegenstand selbst anzusehen.« — »Bis zur erfolgten Belehnung befindet sich das zu verleihende Recht (das Bergwerkseigenthum) im Besitze des Staates.« — enthält das directe Gegentheil irgend eines der vom Obertribunal in Bezug auf die Lehre von der Erwerbung des Bergwerkseigenthums angenommenen Sätze. (Vergl. die Erkenntnisse vom 3. Januar 1840, Präjudiz 781, vom 13. November 1850, vom 19. März 1858 und den Plenarbeschluss vom 3. October 1849, Uebersicht S. 90, 99, 105, 8, Entscheid. Bd. 19. S. 48, Bd. 38. S. 341, Striethorst's Archiv Bd. I. S. 121).

Es ist kaum möglich, in gedrängterer Kürze eine von der

herrschenden Meinung diametral abweichende Auffassung von der Natur der Regalität und von der Erwerbung des Bergwerkseigenthums auszusprechen. Die Beweisführung für die aufgestellten Sätze wird aber vermisst, und wenn auch zugegeben werden muss, dass in den Gründen eines Erkenntnisses wissenschaftliche Abhandlungen und Streitschriften keinen Raum finden, so möchte doch die blosse Aufstellung der obigen von der herrschenden Meinung der Gerichte so wesentlich abweichenden Postulate gerade um dieses Widerspruches willen kaum ausreichend erscheinen.

Die beiden angeführten Erkenntnisse können daher nur als Belag dafür dienen, wie schwer sich auf dem von Controversen aller Art durchwühlten Boden des Bergrechts eine feste sehr und allgemein anerkannte Rechtspraxis begründet und wie unser zeitiger Rechtszustand das erste und wichtigste Erforderniss: die Gewissheit des Rechtes, vermissen lässt.

Das Urtheil des Obertribunals vom 30. März 1860 (Zeitschr. f. Bergr. Bd. I. S. 631) erörtert die Frage, ob der Verkauf eines Antheiles an einer Muthung als eine *emtio rei speratae* anzusehen sei, und ob der Käufer nach §§. 530., 582. A. L. R. I. 11. die Aufhebung des Vertrages und die Zurückzahlung des Kaufpreises verlangen kann, wenn die Muthung später zurückgewiesen wird. Das Obertribunal verneint diese Frage, weil » der Muther durch die Einlegung der Muthung ein in den Gesetzen bestimmt bezeichnetes Recht (§§. 154 ff. A. L. R. II. 16) erwirbt. Für dieses Recht bezahlt der Muther die verabredete Valuta und ist daher nur dieses Recht existent, ist wirklich eine Muthung eingelegt und von der Bergbehörde angenommen, so kann das Veräusserungsgeschäft nicht blos deshalb rückgängig gemacht werden, weil die Muthung nicht den gewünschten Erfolg herbeigeführt hat, weil vielleicht die Bergbehörde das gefundene Fossil nicht als bauwürdig anerkannt hat (§. 169. a. a. O.).«

In dem Erkenntnisse vom 9. September 1857 (Zeitschr. f. Bergr. Bd. III. S. 92, Strieth. Archiv Bd. 27. S. 14) wird die Zulässigkeit des Rechtsweges über das Vorzugsrecht einer von dem Bergamte gelöschten Muthung erörtert und in Uebereinstimmung mit dem Präjudiz 781 (Uebersicht S. 90, Präjudizienbuch S. 298) bejaht.

Die Wirkungen einer Veränderung der Feldesstrekkung auf die Altersrechte zweier concurrirender Muthungen sind in dem bereits früher (Uebersicht S. 92) mitgetheilten Rechtsstreite zwischen der Gewerkschaft der Grube Ver. Sellerbeck und den Muthern des Feldes Anna Gertrud von Neuem

Gegenstand der Entscheidung, sowohl seitens der verleihenden Behörde, als auch seitens des höchsten Gerichtshofes geworden.

Die Gewerkschaft der Grube Vereinigte Sellerbeck nahm, wie oben angegeben, für ihre Muthung Steinkuhle Südflügel das Vorrecht zur Verleihung vor der collidirenden älteren Muthung Anna Gertrud in Anspruch, weil diese statt des ursprünglich in beiden Muthungen begehrten Längenfeldes nachträglich conform mit der Entscheidung der Bergbehörde geviertes Feld gewählt hatte, während die Gewerkschaft von Vereinigte Sellerbeck der von dem Bergamte getroffenen Bestimmung zuwider an dem begehrten Längenfelde festgehalten hatte. Die Entscheidung in dem früheren Rechtsstreite drehte sich um die Frage, ob der Gewerkschaft für diese von der Bergbehörde reprobirte Vermessung das Vorzugsrecht gegenüber dem für die ältere Muthung Anna Gertrud begehrten Geviertfelde zustehe, und die klagende Gewerkschaft hatte in dem Vorprocesse ein rechtskräftiges Erkenntniss folgenden Inhaltes erstritten:

» Dass der Klägerin in Betreff des als Steinkuhle Südflügel unter dem 14. September resp. 4. October 1830 und später gemutheten und begehrten Feldes, soweit dasselbe mit dem an Anna Gertrud durch die Verleihungsurkunde vom 14. September und 10. October 1830 verliehenen Felde collidirt, das Vorzugsrecht des Alters zustehe und dem desfallsigen Rechte der Klägerin die Verleihung an die Verklagte nicht im Wege stehe. «

Auf Grund dieses Endurtheiles beantragte nun die Gewerkschaft von Vereinigte Sellerbeck bei dem Bergamte nicht die Verleihung des für die Muthung Steinkuhle Südflügel ursprünglich begehrten Längenfeldes, sondern eines Geviertfeldes, welches einen Theil des bereits an die Muther von Anna Gertrud beliehenen Geviertfeldes überdeckte. Die Gewerkschaft ging dabei von der Behauptung aus, dass ihr durch den oben mitgetheilten Tenor das Vorzugsrecht vor der Muthung Anna Gertrud nicht bloss in Bezug auf das früher begehrte gestreckte Feld, sondern auch für jedes künftig zu begehrende gevierte oder gestreckte Feld zuerkannt worden sei. Dieser Antrag wurde indess von den Bergbehörden durch alle Instanzen verworfen. In dem Schlussbescheide des Handelsministeriums wird ausgeführt:

»Die Muthungen Anna Gertrud und Steinkuhle Südflügel, von denen die erstere unstreitig die ältere ist, sind beide ursprünglich auf gestrecktes Feld eingelegt. Die Muther von Anna Gertrud begehrten jedoch statt dessen im Jahre 1845 ein geviertes Feld und das Oberbergamt entschied am 20. Februar 1847, dass für beide collidirende Muthungen nach der Beschaffenheit der Lagerungsverhältnisse die gevierte Vermessung zu wählen sei. Die Gewerkschaft von Ver. Sellerbeck erhob keine Beschwerde gegen diese Entscheidung, welche auch durch die demnächst erfolgte Verleihung von Anna Gertrud für die Verwaltungsbehörde unabänderlich wurde. Die gerichtliche Klage, welche die Gewerkschaft von Ver. Sellerbeck hierauf gegen die Gewerkschaft von Anna Gertrud erhob, konnte keine Abänderung dieser Entscheidung herbeiführen, welche nach §. 2. des Gesetzes vom 1. Juli 1821 allein der Bergbehörde zusteht. Wenn dennoch durch das rechtskräftig gewordene Urtheil vom 1. Februar 1853 der Gewerkschaft von Vereinigte Sellerbeck das Vorzugsrecht für das unterm $\frac{\text{4. September}}{\text{14. October}}$ 1830 begehrte Längenfeld gegenüber dem der Gewerkschaft von Anna Gertrud verliehenen Geviertfelde zugesprochen ist, so ist diese Entscheidung nach den eigenen Worten des angeführten Urtheils nur für den Fall maassgebend, dass die Bergbehörde ihre Entscheidung über die Unzulässigkeit der Verleihung nach gestrecktem Felde aufheben möchte. Diese Entscheidung muss jedoch aufrecht erhalten werden, weil die Verleihung des begehrten Längenfeldes nach den Lagerungsverhältnissen der gemutheten Flötze nicht nur sehr verwickelte Grenzen hervorrufen würde, sondern diese Flötze auch in ihrer ganzen Erstreckung unterhalb der Muldenlinie des Fundflötzes im Freien liegen bleiben und der Aufsuchung durch andere Schürfer entzogen werden würden. Der von der Gewerkschaft von Ver. Sellerbeck angestrengte Rechtsstreit hatte sonach einen Anspruch zum Gegenstande, der von der verleihenden Behörde bereits versagt war und versagt bleiben muss.»

»Es ist also eine ganz unrichtige Auffassung, wenn die Gewerkschaft annimmt, durch das angeführte Urtheil sei ihr derjenige Theil des verliehenen Feldes von Anna Gertrud zuerkannt, welcher in das von ihr begehrte gestreckte Feld eingreift. Diese Auffassung würde das der Bergbehörde ausschliesslich beigelegte Ermessen über die Art der anzuwendenden Vermessung (Gesetz vom 1. Juli 1821 §. 2.) ganz illusorisch machen, da alsdann jeder Muther, welchem die Verleihung nach gestrecktem Felde versagt wird, durch die gerichtliche Geltendmachung seines privatrechtlichen Vorzugsrechtes die Gewährung der Längenvermessung erzwingen könnte. Die Gerichte haben aber über die Art der anzuwendenden Vermessung nicht zu entscheiden, und wenn im vorliegenden Falle die Unzulässigkeit der Längenvermessung aufrecht erhalten werden muss, so bleibt das der Gewerkschaft von Ver. Sellerbeck zuerkannte Vorzugsrecht, wie dies in den angeführten Urtheilsgründen für diesen Fall anerkannt wird, gegenstands- und wirkungslos. Hiernach muss der Gewerkschaft überlassen bleiben, für ihre Muthung Steinkuhle Südflügel ein geviertes Feld zu begehren und sich mit diesem an die Markscheide des Bergwerks Anna Gertrud anzuschliessen. Ein Vorzugsrecht auf das verliehene Geviertfeld dieser Grube steht ihr nicht zu, da ihre Muthung die jüngere ist. Das Altersrecht der Muthung Anna Gertrud ist auch in den Gründen der Erkenntnisse erster und dritter Instanz vom 1. Februar 1853 und 22. September 1854 vollständig anerkannt und nur deshalb, weil die Gewerkschaft von Anna Gertrud später conform mit der Entscheidung der Bergbehörde ein Geviertfeld begehrt hatte, während die Gewerkschaft von Ver. Sellerbeck an dem ursprünglichen für unzulässig erklärten Feldesbegehren festhielt, ist der letzteren das pritvatrechtliche Vorzugsrecht für diese Feldesstreckung zuerkannt. Muss die Gewerkschaft nach dem Obigen sich ebenfalls der Entscheidung der Bergbehörde fügen und statt des gestreckten Feldes ein Geviertfeld begehren, so wird das zuerkannte Vorzugsrecht gegenstandslos und das ursprüngliche Altersrecht des Bergwerks Anna Gertrud tritt wieder ein.«

Die Gewerkschaft von Ver. Sellerbeck beruhigte sich bei dieser Entscheidung der verleihenden Behörde nicht, sondern klagte von Neuem gegen die Gewerkschaft von Anna Gertrud mit dem Antrage ihr das im Vorprocesse für die Längenvermessung zugesprochene Vorzugsrecht auch für das gevierte Feld zuzuerkennen. Der erste Richter erkannte nach dem Antrage der Klägerin und das Appellationsgericht zu Hamm bestätigte dieses Urtheil dahin, dass die Verklagte gehalten sei, das der Klägerin in dem Vorprocesse zuerkannte Vorzugsrecht anzuerkennen. Der Appellationsrichter ging dabei von der Ansicht aus, dass schon in dem Tenor der Vorentscheidung der Klägerin ein unbedingtes Vorzugsrecht für ihre Muthung und für jede Vermessungsart zugesprochen sei. Auf die von der Verklagten erhobene Nichtigkeitsbeschwerde hat jedoch das Ober-Tribunal das zweite Erkenntniss vernichtet und die Sache zur anderweitigen Entscheidung in die zweite Instanz zurückgewiesen. In dem bezüglichen Erkenntnisse (Strieth. Arch. Bd. 48. S. 35.) wird ausgeführt.

»Der Appellationsrichter geht in Würdigung des der Klägerin zuerkannten Vorzugsrechtes zu weit, indem er sagt: der Klägerin sei für ihre Muthung ganz allgemein das Vorzugsrecht zuerkannt, während derselben nur das Vorzugsrecht zugesprochen worden in Betreff des unter dem 14. September resp. 4. October 1830 und später gemutheten und begehrten Feldes, also nicht für dasjenige Feld, welches dieselbe durch eine ganz andere Feldesprojection als diejenige, welche dem Anspruch der Klägerin im Vorprocesse zum Grunde liegt, jetzt als geviertes Feld begehrt. Klägerin selbst geht nicht so weit, dieses aus dem Judicate des Vorprocesses für sich herzuleiten, sie erkennt vielmehr in der Klage ausdrücklich an:

> dass die Frage, wie sich das Altersvorrecht gestalte, wenn der Klägerin die Verleihung eines gestreckten Feldes versagt werde, noch nicht zur richterlichen Entscheidung gebracht sei.

Zwar lässt sich nicht behaupten, wie Verklagte jetzt in Uebereinstimmung mit der Bergbehörde geltend macht, dass durch diese Versagung die Entscheidung des Vorprocesses gegenstandslos geworden sei, es muss vielmehr untersucht werden, ob und inwiefern dasjenige, was die Klägerin jetzt in Anspruch nimmt, innerhalb des Feldes liege, in Betreff dessen ihr im Vorprocesse das Vorzugsrecht zuerkannt worden. Die Beantwortung dieser Frage mag wegen der con currirenden verschiedenen Vermessungsarten ihre Schwierigkeit haben, allein man kann weder, wie die Bergbehörde will, der Klägerin zumuthen,

> sich ohne alle Rücksicht auf das ihr im Vorprocesse zuerkannte Vorzugsrecht mit ihrem gevierten Felde an die Markscheide des Bergwerkes Anna Gertrud anzuschliessen,

noch kann man mit dem Appellationsrichter annehmen,

> dass der Klägerin ganz allgemein für ihre Muthung das Vorzugsrecht zugesprochen worden, dass die Bergbehörde sich nicht entbrechen könne, dass nach der einen oder der anderen Vermessungsart der Klägerin zu gewährende Feld **ohne alle und jede Rücksicht auf den Besitzstand der Verklagten zu vergeben**,

vielmehr gestaltet sich mit Rücksicht auf die rechtskräftige Entscheidung des Vorprocesses das Rechtsverhältniss unter den Parteien in nachstehender Art:

> Die Verklagte hat die ältere Muthung für sich und würde jetzt bei freier Beurtheilung nach den in der Entscheidung Bd. 32. S. 284 des Archivs für Rechtsfälle entwickelten Grundsätzen auch für das im Jahre 1845 projectirte gevierte Feld das Vorrecht des Alters in Anspruch nehmen können. Dies wurde jedoch im Vorprocesse nicht angenommen, sondern es wurde der Klägerin, welche vorher die streitige Feldespartie begehrt hatte, das Vorrecht auf das damals begehrte Feld zugesprochen. **Diesem Judicate muss die Wirkung beigelegt werden, dass, soweit in dem jetzt für dieselbe projectirten gevierten Felde Etwas enthalten ist, was ihr auch bei dem früher begehrten Längenfelde zugefallen sein würde, ihr das Vorrecht zusteht, soweit dies aber nicht der Fall ist, der Verklagten, als der älteren Mutherin, der Vorzug gebührt.**

Der Appellationsrichter verstösst daher allerdings gegen die Rechtsgrundsätze von der *res judicata,* wenn er der Klägerin ein unbedingtes Vorrecht ohne alle Rücksicht auf den Besitzstand des Verklagten zuspricht.

Aus diesen Gründen muss die Nichtigkeitsbeschwerde für begründet erachtet und die Sache selbst zur nochmaligen Entscheidung in die zweite Instanz zurückgewiesen werden, wobei insbesondere zu prüfen sein wird:

> ob nach der Muthung der Klägerin und nach den verschiedenen Feldesbegehren derselben, unter Berücksichtigung der Bezugnahme auf die beiderseitigen Berechtsamsacten, sowie der beigebrachten Karte und Zeichnungen anzunehmen sei, dass Klägerin schon vor der im Jahre 1845 erfolgten Aenderung der Feldesprojection für die Verklagte die in Rede stehende Feldespartie bis zum Liegenden des Flötzes Dickebank, resp. bis zu der Leybanker Muldenlinie in Anspruch genommen habe, und was event. zu veranlassen sei, um diese Frage näher aufzuklären?

Die Vernichtung des zweiten Erkenntnisses war ohne Zweifel gerechtfertigt, denn das Urtheil im Vorprocesse basirt gerade auf der Annahme, dass die Verklagte durch die Umänderung ihrer Feldesstreckung ihr ursprüngliches Vorzugsrecht verloren habe. Man darf deshalb dem oben mitgetheilten Tenor nicht eine dieser Auffassung direct zuwiderlaufende Deutung dahin geben, dass die Klägerin das Vorzugsrecht nicht bloss für ihr ursprünglich begehrtes Längenfeld, sondern auch für das an Stelle desselben zu begehrende Geviertfeld zuerkannt erhalte. Der Richter im Vorprocesse würde dann dieselbe Handlung, die Umwandlung der Feldesstreckung, als der Verklagten präjudizirlich, den Rechten der Klägerin dagegen unnachtheilig bezeichnet haben, was nicht seine Absicht gewesen sein kann. In der Sache selbst macht das Ober-Tribunal die Entscheidung von der Ermittelung abhängig, ob und inwieweit das jetzt streitige Geviertfeld bereits in dem früher begehrten und zuerkannten Längenfelde enthalten sei. Es stellt damit indess eine Frage, die nicht gelöst werden kann, weil die gestreckte und die gevierte Vermessung generisch verschieden sind, so dass man schlechterdings nicht mit der einen Vermessungsart dasselbe Feld bestricken kann, wie mit der andern. (Vergl. die frühere Uebersicht S. 67 und S. 79 f.) Im vorliegenden Falle ist auch ohne weitere Ermittelung klar, dass das gestreckte Feld, welches der Klägerin im Vorprocesse zuerkannt ist, mit dem gevierten Felde, welches sie jetzt begehrt, zum Theil zusammenfällt. Ebenso klar ist aber auch, dass selbst wenn beide Felder an der Oberfläche ganz zusammenfallen sollten, dies in der Teufe doch nicht der Fall sein kann, weil mit dem Längenfelde nicht die ewige Teufe nach senkrechten Ebenen verbunden ist. Sollte sich also ergeben, dass schon mit dem ursprünglich begehrten Längenfelde die Feldespartie bis zum Liegenden des Flötzes Dickebank resp. bis zur Leybanker Muldenlinie in Anspruch genommen ist, so würde deshalb doch nicht der Klägerin das Feld bis zu dieser Grenze nach gevierter Vermessung zuerkannt werden dürfen. Die Verklagte würde sonst ausser dem Längenfelde, worauf der Klägerin durch das Urtheil vom 1. Februar 1853 das Vorzugsrecht zuerkannt ist, noch ein weiteres Stück ihres verliehenen Feldes einbüssen, nämlich die unter diesem Längenfelde bis in die ewige Teufe vorkommenden Flötze. Die Untersuchung darüber, »ob dasjenige, was Klägerin jetzt verlangt, innerhalb der Grenzen dessen liegt, was ihr im Vorprocesse zuerkannt worden,« muss also nothwendig dahin führen, dass das gevierte Feld, welches Klägerin jetzt verlangt, über die Grenzen des früher begehrten Längenfeldes hinaus geht, und dass kein Geviertfeld construirt werden kann, welches innerhalb dieser Grenzen bliebe, weil jede einzelne Geviertmaasse diese Grenzen in der Teufe überschreitet. Die Zurückweisung der Klage, soweit sie auf Zuerkennung eines irgendwie begrenzten gevierten Feldes gerichtet ist, erscheint daher ohne Weiteres gerechtfertigt, sofern die Klage nur auf die Entscheidung im Vorprocesse gegründet werden kann und die Klägerin, wie sowohl der zweite Richter als das Ober-Tribunal annehmen, über die Grenzen dieser Entscheidung hinaus ein Vorzugsrecht vor der Verklagten nicht in Anspruch nehmen kann.

Dieselben Rechtsfragen, welche in der vorstehenden Entscheidung erörtert werden, sind und zwar in demselben Sinne entschieden durch das Erkenntniss vom 20. October 1862 (Zeitschr. f. Bergr. 1862). Auch in diesem Rechtsfalle war in einem Vorprocesse der Gewerkschaft von Caroline das Vorzugsrecht für zwei nach gestreckter Vermessung begehrte Felder zuerkannt. Sie nahm jetzt das zuerkannte Vorzugsrecht für zwei neuerdings projectirte Geviertfelder in Anspruch. Das Ober-Tribunal führt in dem citirten Revisionsurtheile zur Widerlegung dieses Anspruches Folgendes aus:

»Die Gesetze machen denjenigen, welcher ein zum Bergwerksregal gehörendes Fossil gefunden hat, zur Pflicht, dasselbe bei Verlust seines Rechtes binnen vier Wochen zu muthen (§§. 154 u. 155. Th. II. Tit. 16. A. L. R.); ferner schreiben dieselben vor, dass sowohl Finder als Muther mit Fleiss und unausgesetzter Arbeit bemüht sein solle, den gemutheten Gang, das Flötz etc. zu entblössen, und bedrohen auch denjenigen, welcher binnen vier Wochen nach erfolgter Approbation die Arbeit nicht anfängt, mit dem Verluste seines Rechtes (§§. 162. 163. a. a. O.). Mit diesen Vorschriften, welche offenbar zum Zweck haben, das Recht aus der Muthung baldigst festzustellen, damit nicht lange aufs Ungewisse hin das Feld gesperrt werde, würde es nicht zu vereinigen sein, wenn man der Klägerin, die auf Erfordern der Bergbehörde im Februar 1841 die Grubenfelder, welche sie auf Grund der in vorpreussischer Zeit erhaltenen Concession in Anspruch nimmt, speciell bezeichnet, die nachher einen besonderen Process mit den Rechtsvorgängern der Verklagten über das ihr für diese Grubenfelder zustehende Vorzugsrecht geführt hat, jetzt noch gestatten wollte, ihren Anspruch auf ganz andere Felder zu richten, wie dies nach der ganz vagen Entscheidung des Appellationsrichters zulässig ist, der in seinen Gründenausführt, dass die Verklagte, als die jüngere im Felde, überhaupt nicht berechtigt sei, irgend einer Feldesstreckung, welche die Klägerin auf Grund ihrer älteren Muthung begehrt, einen Widerspruch entgegen zu setzen.«

§. 5. Verschiedene dingliche Rechtsverhältnisse.

Unter dem Alter im Felde wird im deutschen Bergrechte die Regel verstanden, nach welcher die nach erfolgter Verleihung entstehenden Collisionen natürlich begrenzter Felder ausgeglichen werden.

Auch das Vorzugsrecht des älteren Muthers vor den concurrirenden Muthern wird nicht selten mit demselben Namen bezeichnet, jedoch nur uneigentlich. Der Inhalt der Regel, welche das Vorzugsrecht des Muthers bestimmt, ist zwar derselbe wie bei der für das Alter im Felde gegebenen Regel: nämlich die Priorität der Muthung oder des Finderrechtes. Die Anwendung dieser Regel ist aber eine wesentlich verschiedene. Bei der Concurrenz verschiedener auf dasselbe Feld gerichteter Muthungen wird die Existenz des Rechtes durch die Priorität bedingt. Der erste Finder oder Muther wird vor allen Andern mit dem gemutheten Felde beliehen. (§§. 154. 158. A. L. R. II. 16.) Jede von einem späteren Muther auf dasselbe Feld eingelegte Muthung ist nichtig und kann selbst dann keine rechtliche Wirkung haben, wenn das in Rede stehende Feld in der Folge frei wird. (Präj. 1310.) Das Alter im Felde setzt im Gegentheil zwei neben einander bestehende Eigenthumsrechte voraus. Die Priorität entscheidet nur über ihre Wirksamkeit in Collisionsfällen. Der Aeltere kann in einzelnen Fällen wählen, an welchem Punkte er sein Recht ausüben will (§. 353.). Es kann in solchen Fällen der Erfolg eintreten, dass der Jüngere, obwohl er im Freien gefunden und gemuthet hatte, dennoch seines ganzen Eigenthumsrechtes verlustig geht, weil sein Gang sich als ein Trumm des von dem Aelteren gemutheten Hauptganges erweist und weil gerade dieses Trumm von dem Aelteren erwählt wird. Er geht seines Rechtes jedoch nicht etwa verlustig, weil sein Erwerbstitel als nicht zu Recht beständig erfunden wäre, sondern weil sein rechtsgültig erworbenes Eigenthum durch die Ausübung des bevorzugten Rechtes des Aelteren vollständig unwirksam gemacht wird. Das Recht des Jüngeren wird erst durch die Ausübung des Wahlrechtes von Seiten des Aelteren aufgehoben, es bleibt der entstandenen Collision ungeachtet bestehen, wenn der Aeltere sein Wahlrecht in anderer Weise ausübt, oder wenn er von seinem Altersrechte überhaupt keinen Gebrauch macht. Das Alter im Felde ist daher der Priorität unter verschiedenen Pfandrechten zu vergleichen, die ebenfalls die Existenz der verschiedenen concurrirenden Rechte voraussetzt und nur ihre Wirksamkeit bedingt.

Das Alter im Felde findet nur Anwendung auf die Collision natürlich begrenzter Felder, also nur auf die Collision der gestreckten oder der Längenfelder (vergl. die frühere Uebersicht S. 67 f.). Die Längenvermessung fand nach deutschem Bergrechte nur bei Gängen statt. Auf Flötzen wurde ein geviertes Feld vermessen, welches zwar nicht wie das an seine Stelle getretene Geviertfeld des Gesetzes vom 1. Juli 1821 auf der Oberfläche, sondern auf dem Flötze selbst abgegrenzt wurde, aber doch durch seine allseitige künstliche Begrenzung die Collisionen ausschloss, welche bei Längenfeldern aus der Ungewissheit der natürlichen Grenzen, der Linien des Streichens und des Einfallens, der Vierung und der ewigen Teufe entspringen. Das Allgem. Landrecht, welches in den §§. 156. 157. II. 16. ebenfalls nur die gevierte Vermessung auf Flötzen zulässt, hat deshalb die Bestimmungen über das Alter im Felde (§§. 352 ff.) nur auf die Gänge bezogen, bei denen allein die Längenvermessung stattfand. Allein schon zur Zeit der Redaction des Allg. Landrechtes war in dem Gebiete einer Provinzial-Bergordnung nach der revidirten Cleve-Märkischen Bergordnung vom 29. April 1766 Cap. IX. §. 2. auch die Längenvermessung auf Flötzen zugelassen, indem man die über 20 Grad fallenden Flötze als sogenannte Bänke den Flötzen mit geringerem Einfallen gegenüber stellte und den Gängen zuzählte. Die im deutschen Bergrechte angenommenen und in das Allg. Landrecht aufgenommenen Regeln über das Alter im Felde namentlich die hergebrachten Kennzeichen der Identität konnten aber auf die Flötze keine stricte Anwendung finden. Das Streichen, welches für die Identität des Ganges besonders charakteristisch ist (§. 372.), hat diese Bedeutung bei den Flötzen nicht, da die neben einander gelegenen Flötze meist paralleles Streichen haben, das Streichen des einzelnen Flötzes aber keinesweges constant, sondern durch die Sattel- und Muldenbildung häufigem Wechsel unterworfen ist. Die ewige Teufe nimmt bei den Flötzen ebenfalls eine ganz verschiedene Bedeutung an, weil sie nicht ein stetiges Einfallen zeigen, sondern in wellenförmigen Erhebungen sich fortsetzen, so dass das Tiefste nicht das Aufhören der Lagerstätte, sondern das Wellenthal oder den Punkt bezeichnet, in welchem die Einfallrichtung sich umsetzt. Diese natürlichen Verschiedenheiten gaben schon während der Redaction des Allg. Landrechts einem Monenten, dem Bergrichter Sack zu Wetter, Veranlassung, statt der jetzigen §§. 359 ff. theilweise andere Vorschriften für den Identitätsbeweis bei Flötzen zu verlangen. Diese Erinnerung blieb unberücksichtigt und es fehlt infolge dessen für die zahlreichen Collisionsfälle, welche bei den älteren nach Längenvermessung beliehenen westfälischen Steinkohlenbergwerken einzutreten pflegen, an deutlichen und unmittelbar anwendbaren Regeln über den Beweis und die Beurtheilung des Alters im Felde.

Die Anwendung der §§. 359. ff. A. L. R. II. 16., bei deren Abfassung immer das Verhalten der Gänge ins Auge gefasst ist, auf die nach Längenvermessung verliehenen Flötze, führt grosse Schwierigkeiten mit, da einerseits die in den anzuwendenden Vorschriften des Allg. Landrechts enthaltene juristische Regel der Besonderheiten, welche sie aus der eigenthümlichen Natur des zunächst berücksichtigten Gangbergbaues in sich aufgenommen hat, für die Anwendung auf den Flötzbergbau entkleidet werden muss, andererseits aber die charakteristischen Lagerungsverhältnisse der Flötze richtig aufgefasst und unter diese Regeln subsumirt werden müssen.

Die seltenen Schwierigkeiten, welche sich der Interpretation und der Anwendung der §§. 352. ff. auf den Flötzbergbau entgegenstellen, haben indess eine ebenso scharfsinnige als lichtvolle Lösung gefunden in den Beiträgen zur Kenntniss des preussischen Bergrechts von v. d. Bercken No. III. IV. (Zeitschrift für Bergr. Bd. I. S. 109, Bd. II. S. 53). Auch das Ober-Tribunal hat Veranlassung gehabt die dort entwickelten Regeln über den Identitätsbeweis auf Flötzen auf einen Rechtsfall anzuwenden, der schon durch seine ungewöhnliche Dauer die Schwierigkeit der Rechtsfindung auf dem vorliegenden Gebiete versinnlicht.

Die Gewerkschaft der Grube Kunstwerk nahm im Jahre 1846 im Wege der Klage gegen die Gewerkschaft der Grube Gewalt das Eigenthum der Flötze Oelzweig und Täubchen in Anspruch, indem sie behauptete, dass diese Flötze das Tiefste von den ihr verliehenen Flötzen Wasserfall und Sonnenschein bildeten. Der klagenden Gewerkschaft wurde von dem ersten

Richter der Identitätsbeweis durch offene Durchschläge auferlegt. Die Beweisarbeiten wurden begonnen, aber nach mehrjähriger Dauer ohne Resultat eingestellt. Infolge dessen wiesen das Kreisgericht zu Essen und das Appellationsgericht zu Hamm die Klage ab. Beide Richter gingen nämlich von der Ansicht aus, dass der Identitätsbeweis nur nach Vorschrift des §. 365. durch offene Durchschläge geführt werden könne und jede andere Beweisführung unzulässig sei. Insbesondere hielt der Appellationsrichter den §. 372. a. a. O. nicht für anwendbar, weil die Vorschrift sich nicht auf Flötze beziehe, sondern lediglich für Gänge gegeben sei. Das Ober-Tribunal hat indess durch das Urtheil vom 20. Februar 1863 (Zeitschr. f. Bergr. Bd. IV. S. 226, Strieth. Arch. Bd. 49. S. 88) das zweite Erkenntniss vernichtet und die Sache zur anderweitigen Entscheidung in die zweite Instanz zurückverwiesen. In den Gründen dieser Entscheidung wird ausgeführt:

»Die Implorantin bezeichnet als verletzt die §§. 365. und 372. Th. II. Tit. 16. A. L. R. und Kap. 27. §. 4. der Cleve-Märkischen Bergordnung vom 29. April 1766.

Die hervorgehobenen landrechtlichen Vorschriften handeln vom Alter im Felde, welche Materie in den §§. 359. bis 382. Th. II. Tit. 16. A. L. R. abgehandelt wird; insbesondere betreffen die §§. 365. und 372. daselbst den sogenannten Identitätsbeweis. Der §. 365. lautet:

»Dass der Gang am streitigen Punkte eben derselbe und kein anderer als derjenige sei, worauf dem Aelteren das Alter zusteht, muss durch offene Durchschläge vom Funde her, nach ordentlichen hängenden und liegenden, auch kenntlichen Saalbändern erwiesen werden,« und der folgende §. 366. fügt hinzu: »Blosse offene Markscheiderdurchschläge, ohne Entblössung richtiger Saalbänder, geben keinen Beweis.«

Der Appellationsrichter ist der Meinung, dass diese Vorschriften nicht auf den Gangbergbau zu beschränken, sondern auch auf den Flötzbergbau anwendbar seien, und findet den Beweis hierfür theils in dem Zusammenhange der in Rede stehenden Vorschriften mit den vorhergehenden §§. 349 ff. u. 359., worin Gänge und Flötze identificirt seien, wobei er auch auf §. 4. Kap. 27. der Bergordnung Bezug nimmt, theils in inneren Gründen.

Diese Ausführung des Appellationsrichters ist richtig und in der fraglichen Beziehung kein hinreichender Grund vorhanden, einen Unterschied zwischen Gängen und Flötzen zu machen. Implorantin, welche das Gegentheil ausführt, gründet sich dabei hauptsächlich auf die Materialien zum landrechtlichen Bergrecht, welche Brassert in seinem Werke: »Das Bergrecht des allgemeinen Preussischen Landrechts, in seinen Materialien nach amtlichen Quellen bearbeitet«, mitgetheilt hat. Nach diesem Werke S. 238—241 beruhen die §§. 359—382 des landrechtlichen Bergrechtes fast wörtlich auf den Vorschlägen des sächsischen Finanzraths Thomas Wagner, insbesondere entsprechen die von demselben vorgeschlagenen §§. n. und o. wörtlich den oben mitgetheilten §§. 365. und 366. des Allg. Landrechts.

Sie sind nachher in den Gossler'schen Entwurf übergegangen, zu dessen §. 307., welcher dem §. 365. des jetzigen Landrechtes entspricht, einer der Monenten, der spätere Oberpräsident Sack, Folgendes bemerkte:

»Die im §. 307 ff. bestimmte Art, den Beweis des Alters im Felde zu führen, finde wesentlich nur bei Gängen, nicht bei Flötzen Anwendung. Für letztere bedürfe es mit Rücksicht darauf, dass häufig Verdrückungen, Sprünge etc. vorkommen oder die Flötze sich zu Tage ausheben, und dass andererseits die Flötze in den meisten Fällen zu Tage erschürft oder erbohrt und an der Mächtigkeit, Beschaffenheit der Kohle, Dach und Sohle etc. erkannt werden können, theilweise anderer Vorschriften über den Identitätsbeweis.« Brassert S. 349 a. a. O.

Solche andere Vorschriften über den Identitätsbeweis bei Flötzen sind jedoch weder in den späteren Gossler'schen Entwurf, noch in das landrechtliche Bergrecht nach seiner jetzigen Fassung aufgenommen worden, und Implorantin schliesst hieraus, dass bei Flötzen jede andere Art der Beweisführung zulässig sei, wobei sie noch auf die von Brassert S. 234 mitgetheilte Bemerkung des sächsischen Bergmeisters Beyer Bezug nimmt, welcher zwar die gedachte Beweisführung auch bei Flötzen für anwendbar erachtet, jedoch hinzufügt:

> »nur dass natürlicher Weise die Fortbringung der Saalbänder wegfällt und statt derselben auf des Flötzes Dach und Sohle der rechtliche Bedacht genommen wird.«

Hieraus lässt sich indess nicht entnehmen, dass die in Rede stehende Vorschrift nur bei dem Gangbergbau anwendbar sei, im Gegentheil ist daraus, dass im §. 359. Th. II. Tit. 16. A. L. R., womit die Lehre über den Beweis des Alters im Felde beginnt, der Flötze ausdrücklich gedacht ist, dass diese Erwähnung der Flötze auf einem späteren Zusatze beruht, conf. Brassert S. 348, und dass man sich durch die Bemerkungen von Sack und Beyer nicht veranlasst gefunden hat, über den Identitätsbeweis bei Flötzen besondere Bestimmungen zu treffen, zu entnehmen, dass die allgemeine Vorschrift des §. 365. a. a. O. auch auf Flötze Anwendung finde. Inwiefern bei dieser Anwendung auf Flötze der Nachweis kenntlicher Saalbänder entbehrlich sei, wird in vorkommenden Fällen mit Zuziehung bergmännischer Sachverständigen zu beurtheilen sein.

Implorantin hebt noch hervor, dass das Allg. Landrecht sonst zwischen Gängen und Flötzen unterscheide und rücksichtlich dieser beiden Arten von Lagerstätten besondere Bestimmungen getroffen habe, und dass nach diesen Bestimmungen (§§. 156. u. 157.) die Längenvermessung bei Flötzen nicht gestattet war, dass aber bei Geviertvermessung ein Streit, wie ihn der §. 365. voraussetze, gar nicht vorkommen könne, weil durch die senkrechten Fallungsebenen das Feld unzweifelhaft festgestellt werde.

Dem wird jedoch von Seiten der Implorantin mit Recht entgegengesetz, dass die in den §§. 156. u. 157. Th. II. Tit. 16. A. L. R. enthaltenen Bestimmungen über die Feldesgrösse nur subsidiarisch in Ermangelung besonderer Provinzialgesetze gegeben seien, und dass nach der Cleve-Märkischen Bergordnung Kap. 2. §. 1., Kap. 8. u. 9. auch bei Flötzen eine Verleihung nach gestrecktem Felde stattfinde.

Hiernach erledigt sich das von der Implorantin geltend gemachte Argument, dass bei Verleihung nach Geviertvermessung dergleichen Streitigkeiten, wie sie der §. 365. voraussetzt, nicht vorkommen könnten, weshalb es auch nicht weiter darauf ankommt, ob die Geviertfelder der §§. 156. u. 157. die ewige Teufe nach senkrechten Ebenen umfassen, wie dies im §. 4. des Gesetzes vom 1. Juli 1821 für die dort bezeichneten Geviertfelder vorgeschrieben ist.

Durch Vorstehendes ist die Behauptung der Implorantin widerlegt, dass der §. 365. auf den Flötzbergbau überhaupt nicht anwendbar sei und dass in dieser Beziehung dem Appellationsrichter eine unrichtige Anwendung dieser Vorschrift zur Last falle.

Implorantin behauptet aber auch noch in anderer Beziehung eine unrichtige Anwendung derselben. Sie führt nämlich aus: Das Gesetz unterscheide hinsichtlich des Identitätsbeweises zwei Fälle scharf von einander, nämlich

1. den Fall, wo eine Lagerstätte im Fortstreichen derselben von verschiedenen Gewerkschaften in Bau genommen sei;
2. den Fall, wo die Lagerstätte in der Tiefe, also im Fallen nach dem Mittelpunkt der Erde zu, von einer anderen Gewerkschaft als der zuerst auf der Lagerstätte beliehenen in Betrieb genommen sei.

Nur von dem ersten Falle rede der §. 365. und verlange hier zum Identitätsbeweise offene Durchschläge; von dem zweiten Falle dagegen spreche der §. 372., welcher mit Rücksicht auf die Schwierigkeit des im §. 365. vorgeschriebenen Beweises für solche Fälle eine andere Beweisführung zulasse.

Die Richtigkeit dieses Unterschiedes leitet Implorantin einestheils aus der Fassung der beiden Paragraphen, anderntheils aus der geschichtlichen Entstehung derselben und der Wissenschaft her. Sie weist darauf hin, dass dieselben aus den Vorschlägen des Thomas Wagner entnommen seien und dieser die dem §. 372. entsprechende Bestimmung wieder aus Herttwigs Bergbuch *sub voce* Beweisführer §. 4. geschöpft habe, wo es wörtlich heisse:

»Weil es aber an vielen Orten entweder Festen oder Wasser oder allzu grosser Teufe halber, von dem am Tage eröffneten Gang nicht möglich, niederzukommen und auf den überfahrenen zu erschlagen und das Alter augenscheinlich zu machen, so soll in dergleichen Fall genug sein, wenn der Aeltere seinen Gang ein Lehen oder 7 Ltr. vom Tage nieder mit kenntlichen Hangenden und Liegenden und Saalbändern des Ganges in Gestein gebracht und ausgerichtet, und der Markscheider den in der Grube überfahrenen Gang, der Stunde und dem Fallen nach, diesem gleich befindet, ob auch schon die Donlage in der Teufe um etwas weniges gegen der am Tage weiter sich erstrecken würde.«

Implorantin bezieht sich ferner auf die Abhandlung des von der Bercken in der Zeitschrift für Bergrecht Jahrg. I. S. 114. ff., wo ausgeführt ist, dass sich die Vorschrift des §. 372. allein und ausschliesslich auf den Identitätsbeweis im Fallen einer Lagerstätte, d. h. auf den Fall beziehe, wenn es sich um die Verbindung zweier in Höhe und Tiefe von einander entfernt liegender Baupunkte handelt. Implorantin führt aus, dass dieser Fall vorliege, dass daher der §. 372. durch Nichtwenandung verletzt sei.

Eine solche Verletzung liegt auch in der That vor, da die Gründe, aus denen der Appellationsrichter diese Vorschrift von der Anwendung ausschliesst, ungenügend sind. Der §. 372. lautet:

»Auf die vom Jüngeren in der Grube überfahrenen Gänge beweiset der Aeltere sein Vorrecht, wenn er sie in seinem Felde 7 Ltr. vom Tage wieder mit kenntlichen Saalbändern, auch ordentlichem Hängenden und Liegenden ausrichtet, auch durch des Markscheiders Anzeige beweiset, dass der ausgerichtete Gang mit dem vom Jüngeren überfahrenen Gange gleiches Streichen habe.«

Vergleicht man diese Vorschrift mit der des vorhergehenden §. 365., so ergiebt sich ohne weitere Ausführung, dass sie eine erleichternde Abweichung von dem in §. 365. als Regel vorgeschriebenen schwierigen Identitätsbeweise durch offene Durchschläge enthält. Weil, wie Herttwig a. a. O. sagt, es nicht in allen Fällen möglich ist, von dem am Tage eröffneten Gange niederzukommen und auf den überfahrenen zu erschlagen, gestattet das Gesetz in dem im §. 372. gedachten Falle einen leichteren Beweis.

Der Appellationsrichter spricht sich nicht darüber aus, ob im Uebrigen die Voraussetzungen dieses Paragraphen vorliegen und schliesst die Anwendbarkeit desselben lediglich aus dem Grunde aus, weil dieser Paragraph und die vorhergehenden §§. 367. 368. und 371 nur den Gangbergbau und nicht den Flötzbergbau betreffen, wobei er auf Graeff's Preuss. Bergrecht Anm. 1 b zu §. 352. verweist. Hier ist allerdings von den gedachten Paragraphen und einigen anderen gesagt: »Sie betreffen sämmtlich den Gangbau und setzen Längenvermessung voraus. Bei dem Flötzbau und der Vermessung ins Gevierte mit senkrechten Fallungsebenen kommen Feldesstreitigkeiten nur sehr selten vor.« Allein hieraus geht nur hervor, dass, wenn, wie jetzt zu geschehen pflegt, die Verleihung bei Flötzen nur in Geviertfeldern mit ewiger Teufe nach senkrechten Ebenen erfolgt, dergleichen Streitigkeiten, wie die vorliegende, nicht wohl vorkommen können, nicht aber, dass der §. 372. auf Flötzbergbau überhaupt nicht anwendbar sei.

Wie bereits oben ausgeführt ist, beruht die ganze landrechtliche Lehre vom Beweise des Alters im Felde, welche sowohl die strenge Regel des §. 365., als auch die erleichternde Ausnahme des §. 372. umfasst, auf den Vorschlägen des Thomas Wagner, und wenn auch bei denselben vorzugsweise auf den älteren Gangbergbau Bedacht genommen sein mag, so ist doch bei der Berathung darüber der Flötzbau ausdrücklich zur Sprache gebracht worden. Man hat es aber nicht für erforderlich gehalten, in Beziehung auf denselben die gegebenen Vorschriften über den Beweis des Alters im Felde zu modificiren, man hat vielmehr bei den späteren Berathungen in den dem jetzigen §. 359. entsprechenden Paragraphen, womit die in Rede stehende Lehre beginnt, hinter den Worten »des Ganges« den Zusatz aufgenommen »oder des Flötzes«, und dadurch deutlich zu erkennen gegeben, dass die Anwendung dieser Vorschriften nicht auf den Gangbergbau beschränkt sein soll, wie der Appellationsrichter selbst in Beziehung auf den §. 365. ausführt. Wenn derselbe desungeachtet hinsichtlich des §. 372., welcher derselben Materie »vom Beweise des Alters im Felde« angehört, aus dem, was Graeff a. a. O. sagt, die entgegengesetzte Ansicht herleitet, so ist dies sehr gewagt und nicht gerechtfertigt.

Implorantin, welche die Richtigkeit der Ansicht des Appellationsrichters darzuthun versucht, führt in ihrer Beantwortungsschrift aus:

»Der Ausdehnung des §. 372. auf Flötze stehe die geognostische Verschiedenheit der Gänge und Flötze im Wege. Der §. 372. stütze die Annahme der Identität hauptsächlich auf das gleiche Streichen des ausgerichteten und überfahrenen Ganges. Dies spreche nun auch bei Gängen, welche als ausgefüllte Spalten der Gebirgsschichten, insofern sie verschieden seien, regelmässig ein verschiedenes Streichen haben, sehr erheblich für die Identität. Bei Flötzen treffe dies durchaus nicht zu. Die verschiedenen, über einander gelagerten, mit den Gebirgsschichten parallel laufenden Flötze hätten regelmässig dasselbe Streichen. Das Feld der Verklagten liege östlich der klägerischen Zeche, die Sattellinie der klägerischen, über einander liegenden Flötze Wasserfall und Sonnenschein falle nach Osten zu ein. Die von der Verklagten bebauten Flötze Täubchen und Oelzweig sollen nun nach der Behauptung der Klägerin Theile der klägerischen Flötze sein, mit anderen Worten deren Tiefstes bilden. Dies sei aber augenscheinlich nur dann möglich, wenn nicht zwischen beiden Zechen, sondern jenseits mehr östlich der Baupunkte der Verklagten die Mulde sich befinde, indem bekanntlich mit dieser, welcher die ewige Teufe bei Längenfeldern bilde, das Flötz dem Einfallen nach sein Ende erreiche. Ob dies indessen der Fall sei, könne ersichtlich nur durch ein Beweisverfahren, wie es bereits der erste Richter unter Zuziehung von Sachverständigen verfügt habe, ermittelt werden. Die Flötze der Verklagten könnten das Tiefste der klägerischen Flötze nur dann bilden, wenn, abgesehen von Verwerfungen, die Sattellinie der klägerischen Flötze ein consequentes Einfallen habe und nicht ein entgegenstehendes Einfallen dazwischen vorkomme, indem, wo dies zutreffe, ein neues Flötz anfange. Es sei über alle Zweifel erhaben, dass auch, abgesehen von den übrigen Bedingungen der Identität, die Frage, ob nicht der tiefste Punkt des Flötzes, die ewige Teufe, zwischen den beiderseitigen Berechtigungen sich vorfinde oder doch sich vorfinden könnte, wenn nicht eine Verwerfung vorhanden wäre, nicht dadurch entschieden werden könne, dass in dem klägerischen Fundflötz, wenn dies überhaupt möglich wäre, 7 Ltr. vom Tage aus ausgerichtet würde.«

Diese Gründe sind jedoch nicht geeignet, die Entscheidung des Appellationsrichters zu rechtfertigen. Es ist zweierlei zu unterscheiden:

1. die Anwendbarkeit des §. 372. auf den Flötzbergbau überhaupt;
2. die Frage, ob im Uebrigen die Voraussetzungen dieser Vorschriften vorliegen und ob und in welcher Art ein nach denselben zu führender Beweis zulässig sei.

Die letzte Frage liegt noch gar nicht vor, sie kann erst bei der anderweitigen Entscheidung in der Hauptsache in Erwägung gezogen werden. Für jetzt handelt es sich nur darum, ob der Appellationsrichter den §. 372. dadurch verletzt hat, dass er denselben beim Flötzbergbau für nicht anwendbar erklärt, und in dieser Beziehung wird die Annahme des Appellationsrichters durch dasjenige, was die Imploratin dafür ausführt, nicht begründet.

Zuförderst scheidet dabei der letzte Theil ihrer Ausführung aus, welcher sich damit beschäftigt, die Unmöglichkeit der in Rede stehenden Beweisführung für den vorliegenden Fall darzuthun. Was den übrigen Theil der gedachten Aus-führung betrifft, so geht derselbe im Wesentlichen dahin, dass bei Flötzen nicht, wie der §. 372. thue, das entscheidende Gewicht auf das Streichen gelegt werden könne. Nach dieser Vorschrift soll nämlich der Beweis dadurch geführt werden, dass der Aeltere in seinem Felde den Gang 7 Lachter vom Tage ausrichtet und durch des Markscheiders Anzeige beweiset, dass der ausgerichtete Gang »mit dem vom Jüngern überfahrnen Gange gleiches Streichen habe.«

Es erscheint allerdings bedenklich, bei flötzartigen Lagerstätten auf das gleiche Streichen allein das entscheidende Gewicht zu legen, da dieselben, wie von der Bercken in der Zeitschrift für Bergrecht Jahrg. I. S. 116 ausführt, sich nicht so sehr durch ihr ziemlich konstantes Streichen, als vielmehr durch ihr verschiedenes Fallen unterscheiden. Dieser Schriftsteller hält daher die strenge Anwendung der fraglichen Vorschrift auf flötzartige Lagerstätten für bedenklich, sagt, es werde jedenfalls zu suppliren sein, dass sich durch des Markscheiders Anzeige auch ein gleiches Fallen herausstelle, und fügt zuletzt hinzu: »Da aber das Gesetz bei Gängen einmal einen künstlichen Beweis zugelassen hat, und die ganze Lehre vom Alter im Felde nach §. 359. auch bei Flötzen gilt, so wird nichts übrig bleiben, als den §. 372. in gleichem Falle auch bei Flötzstreitigkeiten eintreten zu lassen und mit Beibehaltung der Bestimmung zu 1. (die Ausrichtung 7 Lachter vom Tage betr.) den sonst erforderlichen Identitätsbeweis durch Sachverständige zu führen, zumal die Wissenschaft auch in diesem Punkt erheblich fortgeschritten ist.«

Hieraus lässt sich nicht herleiten, dass der §. 372. auf flötzartige Lagerstätten überhaupt nicht anwendbar sei, und in dieser Beziehung musste daher die Nichtigkeitsbeschwerde für begründet erachtet werden.

Wenn Imploratin hiergegen geltend macht, die §§. 365. und 372. enthielten blosse Beweisregeln und keine materiellen Vorschriften, so kann dem nicht beigetreten werden. Denn diese Vorschriften enthalten die materiellen Grundsätze darüber, was der Aeltere im Felde darthun muss, um sein besseres Recht auf die von dem Jüngern in Besitz genommenen Lagerstätten nachzuweisen; sie sind eben so materieller Natur, wie die Vorschriften der §§. 175 ff. im Tit. 7. Th. I. A. L. R. über das Rechtsverhältniss zwischen dem vollständigen Besitzer und Eigenthümer und über die dem Ersteren zu Statten kommende Präsumtion, desgleichen wie die Vorschriften des Tit. 15. das. über die Verfolgung des Eigenthums, und was insbesondere den vorstehend als verletzt bezeichneten §. 372. betrifft, so beruht derselbe auf einer rechtlichen Präsumtion, wonach unter den angegebenen Umständen aus der Gleichheit des Streichens die Identität des Ganges entnommen werden soll, so dass also auch nach No. 11. der Instruction vom 7. April 1839 diese Vorschrift als eine das materielle Recht berührende angesehen werden muss.

Hiernach muss die Nichtigkeitsbeschwerde für begründet erachtet werden, ohne dass es einer Erörterung der übrigen Nichtigkeitsgründe bedarf.

Was die Sache selbst betrifft, so kann keine definitive Entscheidung erfolgen.

Hinsichtlich der versuchten Beweisführung nach §. 365. ist die Klägerin für beweisfällig zu erachten. Der Process schwebt seit dem October 1846; die versuchte Beweisarbeit hat in den früheren Instanzen eine Reihe von Jahren in Anspruch genommen und bis jetzt kein Resultat herbeigeführt, indem nach dem Schreiben des Bergamts vom 10. April 1861 der Querschlag, an dem zuletzt gearbeitet worden, als zur Einleitung der Beweisarbeiten dienend bezeichnet wird. Die Klägerin hat diese Beweisarbeiten eigenmächtig, ohne erweisliche Hindernisse in der Sache selbst, eingestellt, und ihr Verlangen, Sachverständige darüber zu vernehmen, ob sie die Offenlegung der Flötze durch Durchschläge zu ihrem Gutachten für erforderlich halten, erscheint bei der bestimmten Vorschrift des Gesetzes, welches offene Durchschläge behufs des Beweises durch den Augenschein verlangt, unstatthaft, cf. §§. 365. und 374.

Ob aber der Anspruch der Klägerin auf die im §. 372. vorgeschriebene Art zu begründen sei, ist nicht gehörig aufgeklärt, und darüber muss noch verhandelt werden«.

Ueber die rechtlichen Wirkungen der Consolidation von Bergwerken verbreitet sich das Erkenntniss vom 19. Mai 1862 (Zeitschr. f. Bergr. Bd. IV. S. 118). S. nahm gegenüber der Gewerkschaft der consolidirten Hoymgrube in Schlesien das Mitbaurecht an der mit dem consolidirten Werke vereinigten Sylvestergrube in Anspruch und verlangte im Wege der Klage gegen die Gewerkschaft die Zutheilung von 61 Kuxen der Sylvestergrube, beziehungsweise der entsprechenden Quote an dem ganzen Werke. Die Gewerkschaft erhob den Einwand der mangelnden Passivlegitimation, indem Kläger sich an diejenigen Gewerken halten müsse, welchen statt seiner die in Anspruch genommenen Mitbaukuxe bei der Verleihung der Sylvestergrube zugetheilt seien. Dieser Einwand wurde in den beiden ersten Instanzen als zutreffend anerkannt. Auch die von dem Kläger eingelegte Nichtigkeitsbeschwerde wurde von dem Ober-Tribunal aus folgenden Gründen verworfen:

»Die verklagte Gewerkschaft ist aus einer Consolidation mehrerer Bergwerke hervorgegangen. Hierbei wird die Substanz der vereinigten Werke dergestalt mit einander verbunden, dass sie fortan nur ein Bergwerk bilden und die bisherigen Miteigenthümer der zusammengeschlagenen Bergwerke von dem vereinigten Werke eine ihrem dazu gelieferten Beitrage entsprechende Quote erhalten, §. 7. des Gesetzes vom 12. Mai 1851 über die Verhältnisse der Miteigenthümer eines Bergwerks und Entscheidungen Bd. 25. S. 296 ff. Im vorliegenden Falle besteht der Anspruch des Klägers in einer dem Mitbaurechte an der Sylvestergrube entsprechenden Theilnahme.

Nach der Behauptung des Klägers sind sämmtliche 122 Kuxe der Sylvestergrube bei deren Verleihung dem Cuno zugetheilt worden, während bei richtigem Verfahren, wenn nämlich der Eigenthümer des Grundes und Bodens, auf dem sich die Fundgrube befindet, zur Ausübung des Mitbaurechtes aufgefordert worden wäre, derselbe die Hälfte der Kuxe also 61, würde haben beanspruchen können. Cuno resp. dessen Rechtsnachfolger würden demnach bei der Consolidation, nicht 122, sondern nur 61 Kuxe der Sylvestergrube haben einwerfen können, während die anderen 61 Kuxe dem Mitbauberechtigten resp. dessen Rechtsnachfolgern zuständen. Die verhältnissmässige, diesen 61 Kuxen der Sylvestergrube entsprechende Quote des vereinigten Bergwerks ist es, worauf sich der Anspruch des Klägers richtet; dieser ist aber seiner Natur nach nur gegen diejenigen geltend zu machen, die in Folge der unterlassenen Aufforderung zur Erklärung über das Mitbaurecht die eigentlich dem Mitbauberechtigten zustehenden Kuxe der Sylvestergrube und demgemäss auch bei der Consolidation eine ihnen nicht zustehende Betheiligung an dem vereinigten Werke erhalten haben. Diese resp. deren Rechtsnachfolger muss Kläger in Anspruch nehmen. Dies sind aber nicht alle Miteigenthümer des vereinigten Werkes, wenigstens ist dieses in keiner Weise dargethan. Die anderen einzelnen Gewerkschaften, aus denen das consolidirte Werk besteht, haben bei der Consolidation keinen grösseren Antheil an dem vereinigten Werke erhalten, weil bei der Beleihung der Sylvestergrube das Mitbaurecht nicht gehörig beachtet worden; für sie ist es gleichgültig, ob alle 122 Kuxe der Sylvestergrube dem Cuno resp. seinen Rechtsnachfolgern, oder ob ihnen nur 61 Kuxe und die übrigen 61 Kuxe dem Mitbauberechtigten resp. dessen Rechtsnachfolgern überwiesen worden. Die Grösse ihres Antheils an dem vereinigten Werke ist hiervon nicht abhängig, und der Kläger, als angeblicher Rechtsnachfolger des Mitbauberechtigten, kann seinen Anspruch nur gegen diejenigen richten, welche wegen unterlassener Beachtung des Mitbaurechts bei der Sylvestergrube den diesem entsprechenden Antheil an dem consolidirten Werke mit Unrecht erhalten haben und besitzen.«

Der Verlust des Bergwerkseigenthums wegen Nichtzahlung der Recessgelder tritt nach §. 105. A. L. R. II. 16. ein, wenn der Beliehene die Recessgelder der einmal geschehenen Erinnerung ungeachtet durch vier Quartale nicht bezahlt hat. Hiermit stimmen die Vorschriften der Provinzial-Bergordnungen im Wesentlichen überein.*) Sie bedrohen die Nichtzahlung des Recessgeldes im ersten Quartale mit 10 Thlr., im zweiten mit 20 Thlr. Geldstrafe, die durch vier Quartale unterbliebene Zahlung aber mit dem Verluste des Eigenthums. Durch das Gesetz über die Besteuerung der Bergwerke vom 12. Mai 1851 §. 5. ist die vierteljährliche Zahlung der Recessgelder in eine jährliche umgewandelt, die nach Art. IX. der Ausführungsinstruction am Schlusse des Jahres geleistet wird. Durch den Ministerialerlass vom 22. October 1851 (Zeitschr. für Berg-, Hütten- und Salinenwesen Bd. I. S. 22) waren die Oberbergämter angewiesen worden, »alljährlich nach dem Eingange der Gefälle für das dritte Quartal den Repräsentanten derjenigen Gruben, für welche das Recessgeld rückständig ist, die Commination der Freierklärung der Grube bei Nichtentrichtung des Betrages spätestens mit den Gefällen für das vierte Quartal zu stellen«. Diese Anweisung wurde indess von den Oberbergämtern so gehandhabt, dass nicht das rückständige, also das im vorgehenden Jahre fällig gewordene Recessgeld, sondern das am Schlusse des Jahres verfallende Recessgeld mit den Gefällen des vierten Quartals unter der obigen Verwarnung eingefordert wurde. Erfolgte dann die Zahlung

*) Cleve-Märk. B. O. Cap. 7. §. 3., Cap. 75. §. 1.; Schles. B. O.; Magdeb.-Halberstädt. B. O. Cap. §. 3., Cap. 77. §. 1. — Vergl. Nassau-Katzenelnbog. B. O. Art. 19.; Chur-Sächs. B. O. Art. 19.; Eislebener B. O. Art. 2.

im Fälligkeitstermine, d. h. am Jahresschlusse nicht, so wurde ohne Weiteres die Freierklärung ausgesprochen. Dieses Verfahren wurde zuerst in einer Recursentscheidung des Handelsministeriums vom 30. August 1860 (Zeitschr. f. Berg-, Hütten- und Salinenwesen Bd. VIII. *A.* S. 252) reprobirt, weil zum Verluste des Bergwerkseigenthums nach §. 105. A. L. R. II. 16. die vorherige Erinnerung erfordert werde, die erst nach der Fälligkeit mit rechtlicher Wirkung stattfinden könne, und weil von dem Zeitpunkte dieser Erinnerung an noch ein durch vier Quartale oder durch ein Jahr fortgesetzter Verzug hinzutreten müsse. Vergl. den Recursbescheid vom 2. Juli 1862, Zeitschr. f. Bergrecht Bd. V. S. 130.

Dieselbe Auslegung ist bereits in dem nachträglich veröffentlichten Erkenntnisse der früheren Kleve-Märkischen Landesregierung vom 20. Juli 1799 (Zeitschr. f. Bergrecht Bd. III. S. 367) welches in der Revisionsinstanz von dem Ober-Tribunal bestätigt worden ist, aufgestellt worden.

Auch der Appellationsgerichtshof zu Cöln in der Entscheidung vom 28. Mai 1863 (Zeitschr. f. Bergr. Bd. IV. S. 517) und das Appellationsgericht zu Hamm in einer ungedruckten Entscheidung vom December 1863 sind dieser Auffassung beigetreten. Man wird sogar behaupten müssen, dass die Voraussetzungen der Freierklärung wegen Nichtzahlung des Recessgeldes mit der Aufhebung der Quartalzahlungen überhaupt weggefallen sind und dass der §. 105. cit. des Allg. Landrechts, sowie die entsprechenden Bestimmungen der Provinzial-Bergordnungen seit dem Erlasse des Gesetzes vom 12. Mai 1851 keine Anwendung mehr finden können. Die hier berührte Controverse hatte in den letzten Jahren ein lebhaftes praktisches Interesse gewonnen, indem die unterbliebene rechtzeitige Zahlung des Recessgeldes mehrfach von Speculanten benutzt wurde, um neue Muthungen auf die angeblich ins Freie gefallenen Bergwerke einzulegen. Sie wird indess bald alle praktische Bedeutung verlieren, da nach §. 2. des Gesetzes vom 20. October 1862 das Recessgeld vom 1. Januar 1865 an gänzlich aufgehoben ist.

Die Erfordernisse der besonderen Stollenrechte sind im §. 423. A. L. R. II. 16. dahin definirt, dass der Erbstollen *a*) gehörig verliehen, *b*) gesetzmässig getrieben sein, *c*) in das Tiefste oder an die Orte, wo die Erze brechen, einschlagen, *d*) die Erbteufe einbringen und *e*) das Wasser ab- und Wetter zuführen müsse. Es besteht indess kein Zweifel, dass alle diese Erfordernisse nur da zusammentreffen müssen, wo sämmtliche Stollenrechte in ihrem vollen Umfange ausgeübt werden sollen, wo namentlich das wesentlichste der Stollenrechte, der Neunte gefordert werden soll. Jedes der übrigen Stollenrechte kann aber nach der sehr übersichtlichen Darstellung v. d. Berckens (Bd. V. S. 62 der Zeitschr. f. Berg-, Hütten- u. Salinenwesen) ausgeübt werden, wenn nur vier der im §. 423. aufgestellten Requisite sich vereinigen. Für das Recht des Stollenhiebes und des vierten Pfennigs namentlich genügt es, wie das Ober-Tribunal in dem Erkenntnisse vom 6. März 1861 (Strieth. Arch. Bd. 42. S. 19, Zeitschr. f. Bergrecht Bd. II. S. 516) unter ausführlicher Analyse der einschlagenden Bestimmungen des Allg. Landrechts (§§. 405. 409. 412. 423.) und der schlesischen Bergordnung ausspricht, wenn der Stollen gehörig verliehen und gesetzmässig betrieben ist, in das Feld der Grube einkommt und die Erbteufe einbringt. Er darf weder Wetter- und Wasserlosung bringen, noch in das Tiefste einschlagen, um diese Rechte zu erwerben, sondern er übt sie von dem Augenblicke an aus, wo er mit den gesetzlichen Erfordernissen versehen die Maassen der Grube erreicht.

§. 6. Die Rechte des Grundbesitzers.

In den §§. XII. und XIII. der früheren Uebersicht ist die Behauptung aufgestellt, dass die §§. 109. und 113 — 116a. A. L. R. II. 16. sich ausschliesslich auf den Fall der Abtretung von Grund und Boden zu bergmännischen Anlagen über Tage beziehen, dass also nur in diesem Falle die Festsetzung der zu leistenden Grundentschädigung zufolge §. 115. cit. durch die Bergbehörde erfolgt und dass nur in diesem Falle die Entschädigung gemäss §. 113. cit. in Gestalt einer jährlichen Nutzungsentschädigung gewährt wird, während bei den mittelbaren Grundschäden nach §. 112. der Ersatz des gesammten Schadens und des entgangenen Gewinnes ohne diese Einschränkung, also der Capitalwerth des angerichteten Schadens gefordert werden kann und zwar im Wege der gerichtlichen Klage, ohne dass das im §. 115. für den Fall der Grundabtretung vorgesehene Administrativverfahren vorhergeht, welches überhaupt hier nicht stattfindet (Uebersicht S. 178 ff. S. 193 ff.). Diese Ausführung hat eine neue schlagende Bestätigung erfahren durch die von Brassert (das Bergrecht des Allgem. Preuss. Landrechtes in seinen Materialien, Bonn 1861) mitgetheilten Materialien zu den §§. 109. und 112—116a. Die ursprüngliche Fassung dieser Bestimmungen lautete in dem ersten ungedruckten Entwurfe (a. a. O. S. 62) wie folgt:

§. 220. Will er den Bau nicht selbst führen, *) so muss er dem Staat, oder den von diesem beliehenen Gewerken den Grund und Boden überlassen, welcher zur Grube selbst zu den Halden und Wegen und zu den Gebäuden über der Erde erforderlich ist.

§. 222. Dagegen sind sowohl der Staat, als die von selbigem beliehenen Gewerkschaften den Grundherrn wegen alles dessen, was er zum Betriebe des Werkes abtreten muss, vollkommen schadlos zu halten verpflichtet.

§. 223. Inwiefern diese Entschädigung durch Einräumung gewisser Freikuxe, durch Zinsen oder durch baare Zahlung in einer Hauptsumme geschehen müsse, bestimmen die Provinzial-Bergordnungen.

§. 224. Im Mangel gesetzlicher Bestimmungen muss die Schadloshaltung des Grundherrn zwischen ihm und den Gewerkschaften durch Verträge regulirt werden.

§. 225. Können die Interessenten sich nicht gütlich vergleichen, so muss das Bergamt die Schadloshaltung nach vorhergegangener mit Zuziehung sachverständiger Taxatoren geschehener Untersuchung billig festsetzen.

§. 226. Wollen die Parteien sich bei dieser Festsetzung nicht beruhigen, so steht ihnen frei, auf ordentliches Gehör und Erkenntniss bei dem Berggericht und ferneren Instanzen anzutragen.

In diesen Vorschriften ist nur die Rede von dem Grund und Boden, welchen der Eigenthümer zur Herstellung von Bergwerksanlagen überlassen und abtreten muss. Ueber die Schadloshaltung für die mittelbaren Beschädigungen, welche der Grundbesitz durch die Einwirkung des unterirdischen Bergbaues erleidet, ist keinerlei Bestimmung getroffen. Es ist also nicht bloss aus inneren Gründen, sondern nach dem klaren Wortlaute des Gesetzes unzulässig, die Vorschriften des ersten Entwurfes über das Verfahren zur Feststellung der Schadloshaltung (§§. 224—226.) und über die Art der Schadloshaltung (§. 223.) auf den Fall zu beziehen, wo der Grundeigenthümer nichts abgetreten und überlassen hat, sondern sein Grundstück durch die mittelbare Wirkung des unterirdischen Bergbaues beschädigt ist.

---

*) Der angeführte Entwurf legte im §. 219. dem Grundbesitzer ein vorzügliches Recht zur Beleihung mit dem auf seinem Gebiete erschürften Bergwerke bei.

Erst in dem folgenden gedruckten Entwurfe des Bergrechtes, in welchem die §§. 100—108. (Brassert a. a. O. S. 87) den früheren §§. 220—226. entsprechen, wurde auch die Schadloshaltung für diese Verluste geregelt und der §. 222. cit. wie folgt, abgeändert:

> §. 104. Ueberhaupt, sind sowohl der Staat als die von selbigem Beliehenen den Grundherrn wegen alles dessen, was er zum Bau und Betriebe des Werkes abtreten oder verlieren muss, vollkommen schadlos zu halten verpflichtet.

Bei der Schlussredaction wurde der §. 104. cit. fast unverändert in den jetzigen §. 112. A. L. R. II. 16. übernommen, der §. 223. des ersten Entwurfes aber erfuhr die in der früheren Uebersicht S. 193 angeführte Umänderung in den jetzigen §. 113. A. L. R. II. 16., durch welchen statt der Kapitalentschädigung die jährliche Nutzungsentschädigung vorgesehen ist. Zugleich wurden aber die §§. 112. und 113. durch das vor letzterem eingeschobene Marginale: »*b*) Rechte desselben. Entschädigung.« getrennt und an die Spitze des §. 113. die Worte »Für den abgetretenen Grund und Boden etc.« gestellt, welche zu den Worten des §. 112. »für alles, was der Grundeigenthümer — abgetreten und verloren hat,« einen charakteristischen Gegensatz bilden und beweisen, dass die unter besonderem Marginale angeschlossenen §§. 113—116. nur auf den Fall der Grundabtretung zu beziehen sind, auf welchen allein sie ihrem Inhalte nach passen.

Die Enstehungsgeschichte der §§. 112. ff. bestätigt also das in der früheren Uebersicht S. 179 gezogene Resultat, dass für die mittelbaren Grundschäden nach §. 112. vollständige Entschädigung nach Vorschrift des ersten Theils Tit. 6. §. 7. geleistet werden muss und zwar ohne die im §. 113. enthaltene Einschränkung auf eine jährliche Nutzungsentschädigung, und dass diese Schadloshaltung im gewöhnlichen Processverfahren zu verfolgen ist, nicht in dem im §. 115. für die Grundabtretung vorgesehenen Administrativverfahren. Anderer Ansicht ist in Bezug auf die erste dieser Folgerungen das Ober-Tribunal, welches das frühere Präjudiz 538 b. vom Jahre 1838 Uebersicht S. 207 auch in einem neueren Falle durch die Entscheidung vom 21. Juni 1861 (Strieth. Archiv Bd. 42. S. 186, Zeitschr. f. Bergr. Bd. II. S. 396) aufrecht erhalten hat, indem es ausführt:

»Wenn auch der §. 113. Th. II. Tit. 6. A. L. R. nur von »abgetretenem« Grund und Boden spricht, so muss doch die darin enthaltene Bestimmung auch auf Fälle der vorliegenden Art Anwendung finden, in denen ein benachbartes Grundstück durch den Bergbau beschädigt worden ist, ohne dass es der bisherige Eigenthümer abgetreten hat. Dies ergiebt der Zusammenhang mit der vorhergehenden Bestimmung des §. 112. der die Entschädigungsverpflichtung nicht nur für den Fall der Abtretung, sondern überhaupt für den Fall eines Verlustes des Grundeigenthümers ausspricht. Die §§. 113 ff. enthalten nähere Bestimmungen über die Entschädigungspflicht und es ist kein Grund sie auszuschliessen, wenn der beschädigte Grund und Boden nicht gerade abgetreten worden ist.« *)

Die zweite Frage, ob die Festsetzung der Schadloshaltung für die mittelbaren Grundschäden gemäss §. 115. zunächst durch die Bergbehörde erfolgen müsse, oder ob dieser Anspruch ohne Weiteres im Wege der gerichtlichen Klage verfolgt werden könne, hängt mit der soeben erörterten Frage unzertrennlich zusammen, da §. 115. nothwendig auf dieselben Fälle bezogen werden muss, wie §. 112. Gleichwohl scheint das Ober-Tribunal, wie die Herausgeber der Zeitschrift für Bergrecht anmerken (Bd. IV. S. 105), keineswegs der Ansicht zu sein, dass der Beschädigte nur nach vorgängiger Festsetzung des Schadens durch die Bergbehörde zur Anstellung der gerichtlichen Klage legitimirt sei, da der höchste Gerichtshof sehr häufig über Entschädigungsforderungen der Grundbesitzer wegen der durch den Bergbau zugefügten Grundschäden entscheidet, ohne dass vorher die Bergbehörde eine Festsetzung des Schadens vorgenommen hat. Die Bergbehörde ihrerseits, welche den §. 115. nur auf den Fall der Grundabtretung bezieht, lehnt die Festsetzung mittelbarer Grundschäden bekanntlich ab (vergl. die in der früheren Uebersicht S. 201 angeführten Erlasse) und dieser Auffassung ist auch der Gerichtshof zur Entscheidung der Competenzconflicte in dem Erkenntnisse vom 14. Januar 1860 (Zeitschr. für Bergr. Bd. IV. S. 102) beigetreten. Das Kreisgericht zu Neuwied und der Justizsenat zu Ehrenbreitstein hatten sich zur Entscheidung über die Schadensersatzforderung für die durch bergmännische Arbeiten an dem Grundstücke des Verklagten verursachten Beschädigungen incompetent erklärt, da nach Art. 3. Nr. 25. der Churtrier Bergordnung von

*) Es handelte sich in dem beurtheilten Falle um die Frage, ob der beschädigte Grundeigenthümer statt der angebotenen Wiederherstellung die Vergütung des Minderwerthes in Gelde fordern könne. Diese Frage ist von dem Ober-Tribunal mit Recht verneint. Auch nach den allgemeinen Regeln von der Schadloshaltung ist der Beschädiger, wie auch das Ober-Tribunal bemerkt, nur zur Wiederherstellung und erst wenn diese nicht möglich ist zur Vergütung des Minderwerthes verpflichtet (§§. 79—81. A. L. R. I. 6.). Die Entscheidung des beurtheilten Falles bleibt also von der oben erörterten Controverse ganz unberührt.

1564 die Festsetzung der geforderten Entschädigung zunächst vor die Bergbehörden gehöre. Da die Bergbehörde ihrerseits sich für incompetent und die Gerichte für zuständig erachtete, so entstand ein negativer Competenzconflict, den der Competenzgerichtshof für die Zulässigkeit des Rechtsweges entschied. In den Urtheilsgründen wird zunächst ausgeführt, dass der Art. 3. cit. der ortsgültigen Bergordnung durch die allgemeine Landesgesetzgebung aufgehoben sei. Letztere weise aber in der Declaration vom 27. October 1804 und in der Cabinetsordre vom 14. November 1838 (G. S. 1839 S. 2) ausdrücklich nur die Festsetzung der Entschädigung für das zum Bergbau abzutretende Grundeigenthum vor die Verwaltungsbehörden, von der im vorliegenden Falle nicht die Rede sei.

In dem Erkenntnisse vom 16. Juni 1862 (Strieth. Arch. Bd. 46. S. 160, Zeitschr. f. Bergr. Bd. IV. S. 116) bestimmt das Ober-Tribunal die jährliche Nutzungsentschädigung für ein in dem zeitweise abgetretenen Grundstücke des Klägers befindliches Kalksteinlager. Es gelangt zu dem Resultate, dass das *lucrum cessans* in den Zinsen des Capitals besteht, welches der Kläger aus dem Steinbruchbetriebe bis jetzt hätte realisiren können und infolge der zeitweisen Abtretung des Grundstückes bis zur künftigen Rückgewähr ungenutzt lassen muss.

Der Rechtsgrund der Entschädigungsforderung besteht nach den in der früheren Uebersicht S. 165 ff. mitgetheilten Präjudizien vom 16. März 1839 und vom 18. April 1843 in dem blossen Causalnexus, welcher zwischen der Beschädigung und dem Bergwerksbetriebe stattfindet. Die Frage, ob dieser Causalnexus vorhanden ist, ist wesentlich factischer Natur. In dem Erkenntnisse vom 8. Mai 1863 (Striethorst's Archiv Bd. 49. S. 200, Zeitschr. f. Bergr. Bd. V. S. 105) begegnen wir indess einer rechtsgrundsätzlichen Erörterung der Frage, welcher Thatbestand zur Herstellung des Verhältnisses von Ursache und Wirkung gehört.

Der Stellenbesitzer Z. behauptete, dass sein Steinbruch durch den Grubenbrand in der fiscalischen Königsgrube beschädigt und dass dieser Grubenbrand durch den Betrieb der Königsgrube entstanden sei. Seine Entschädigungsklage wurde in der zweiten Instanz zurückgewiesen. Der Appellationsrichter führte aus: Es könne dahin gestellt bleiben, ob der Grubenbrand in der Königsgrube nicht entstanden wäre, wenn der Verklagte diese Grube nicht in Betrieb gesetzt hätte, da selbst unter der Voraussetzung, dass nur durch diesen Betrieb der

Brand möglich geworden, der Verklagte dennoch nicht für den erwachsenen Schaden hafte. Bei Inbetriebsetzung der Grube habe der Verklagte nicht voraussehen können, dass überhaupt ein Grubenbrand entstehen und den Steinbruch des Klägers, sowie später geschehen sei, gefährden werde. Es habe sich nicht voraussehen lassen, dass die Brandgase durch den Steinbruch ausströmen, dass sich unter demselben Höhlungen bilden und ein Nachgeben des Gebirges zur Folge haben würden. Dies seien zufällige Folgen, welche der Verklagte nach Th. I. Tit. 3. §§. 10. bis 13. und Tit. 6. §. 16. A. L. R. nicht zu vertreten habe.

Das Ober-Tribunal hat die von dem Kläger eingelegte Nichtigkeitsbeschwerde aus folgenden Gründen verworfen:

»Implorant nimmt zur Begründung seines Angriffs auf frühere Entscheidungen namentlich auf Bd. 4. S. 354. der Entscheidungen und den Plenarbeschluss vom 18. April 1843 Bd. 9. S. 101 ff. daselbst Bezug. Allein aus demjenigen, was damals angenommen worden, lässt sich die Entschädigungspflicht des Verklagten im vorliegenden Falle nicht rechtfertigen. In dem angeführten Plenarbeschlusse wird S. 113 ausgeführt, dass nicht bloss für abgetretenes Eigenthum und sonstige dingliche Rechte, sondern auch für andere Verluste am Grundeigenthum, die durch den Betrieb des Bergbaues herbeigeführt worden sind, Ersatz gegeben werden solle. Desgleichen wird S. 116 a. a. O. gesagt:

> dass der Bergbauende für jeden erweislich durch den Bergbau zugefügten Schaden aufkommen müsse.

Ist auch hiernach eine sehr umfassende Entschädigungspflicht des Bergbauenden angenommen, so setzt sie doch immer voraus, dass der Schade durch den Bergbau erweislich verursacht worden, und an diesem Erfordernisse fehlt es im vorliegenden Falle. Denn der Appellationsrichter führt nur aus:

> dass selbst unter der Veraussetzung, dass nur durch den Betrieb des Verklagten der Brand möglich geworden, derselbe nicht für den dem Kläger erwachsenen Schaden hafte,

und diese Voraussetzung ist nicht gleichbedeutend mit der Annahme, dass der in Rede stehende Schade durch den Bergbau des Verklagten verursacht worden sei. Selbst zur Annahme eines mittelbaren, durch den Bergbau entstandenen Schadens reicht sie nicht aus. Der §. 3. I. 6. des Allg. Landrechts verordnet:

> Entsteht der Nachtheil zwar aus der Handlung oder Unterlassung, jedoch nur in Verbindung mit einem andern von ihr verschiedenen Ereignisse, oder mit einer nicht gewöhnlichen Beschaffenheit der Person oder Sache, so ist ein mittelbarer Schade vorhanden.

Um hiernach einen dem Verklagten zur Last fallenden mittelbaren Schaden annehmen zu können, müsste dargethan sein, dass der Grubenbrand durch den Bergbau entstanden sei, wenn auch ein anderes Ereigniss, resp. eine ungewöhnliche Beschaffenheit der in dem Bergwerk des Verklagten lagernden Steinkohlen mitgewirkt habe. Diese Voraussetzung ist weder dargethan, noch nach dem festgestellten Sachverhältnisse gehörig unter Beweis gestellt. Nach der Darstellung des ersten Richters, auf welche der Appellationsrichter Bezug nimmt, bezeichnet Kläger den Bergbau des Verklagten nur insofern als die Ursache des Brandes, als dieser sich ohne den Bergbau nicht erzeugen könne, was in der Klage noch näher damit motivirt wird:

dass die dazu erforderliche Luftung nur durch die in das Flötz eingetriebenen Schächte und Strecken hineingebracht werde.

Hierfür sprechen allerdings auch die Gutachten der Sachverständigen Köhler, Meitzen und von Kremski, auf Grund deren der erste Richter annimmt, dass der Brand durch die Baue der Königsgrube hervorgerufen sei; allein der Appellationsrichter theilt diese faktische Auffassung nicht, wie man nach seiner Ausführung annehmen muss, er sagt:

es könne dahin gestellt bleiben, ob der Grubenbrand in der Königsgrube nicht entstanden wäre, wenn der Verklagte diese Grube nicht in Betrieb gesetzt hätte,

und führt sodann aus:

dass selbst unter der Voraussetzung, dass nur durch diesen Betrieb der Brand möglich geworden, der Verklagte doch nicht für den Schaden hafte, welcher dem Kläger erwachsen ist.

Es kann sich daher nur fragen:

ob in dieser Ausführung die gerügten rechtsgrundsätzlichen Verstösse vorhanden sind?

Das ist nicht der Fall. Denn aus den allgemeinen Grundsätzen über die Verpflichtung zum Schadensersatz lässt sich die streitige Verpflichtung des Verklagten nicht rechtfertigen, es sind daher die von ihm citirten §§. 10—13. I. 3. und §. 16. I. 6. des Allg. Landrechts nicht verletzt, und auch der gerügte Verstoss gegen §. 112. II. 16. des Allg. Landrechts trifft nicht zu, weil nach der obigen Ausführung eine hiernach geltend zu machende Entschädigungsverpflichtung voraussetzt, dass erweislich gemacht worden, der Schade sei durch den Bergbau verursacht, was weder festgestellt, noch gehörig unter Beweis gestellt ist, indem dasjenige, was Kläger deshalb unter Beweis gestellt hat, im Wesentlichen nur dahin geht, dass der Bergbau des Verklagten ein mitwirkendes Ereigniss sei.

Man darf bei der Beurtheilung dieser Entscheidung nicht ausser Acht lassen, dass das Ober-Tribunal nur über die Nichtigkeitsbeschwerde des Imploranten zu befinden hatte, dass die thatsächliche Feststellung des Appellationsrichters seiner Kritik entzogen war und nur die angewendeten Rechtsgrundsätze seiner Beurtheilung unterlagen. Allein auch mit dem Resultate dieser rechtsgrundsätzlichen Prüfung wird man sich nicht einverstanden erklären können. Der Appellationsrichter setzt sich in seinen Ausführungen allerdings in einem unverkennbaren Widerspruch mit den Präjudizien vom 16. März 1839, vom 18. April 1843 und vom 7. November 1849. Er weist die Entschädigungsforderung zurück, weil nach den Grundsätzen vom Schadensersatze nur der vorherzusehende Schaden, dessen Zufügung ein Versehen involvirt und deshalb dem Handelnden zugerechnet werden kann, nicht der blos zufällige Schade vergütet werden muss. In den oben angeführten Präjudizien wird dagegen ausgeführt, dass über die Verpflichtung des Bergwerksbesitzers die allgemeinen Vorschriften über Schadensersatz nicht entscheiden (Pl. Beschl. v. 1843); dass es namentlich nicht darauf ankommt, ob die Beschädigung bei gehöriger Aufmerksamkeit sich vorhersehen liess (E. v. 1839), dass der Verpflichtungsgrund nicht in einer Verschuldung, sondern in der allgemeinen gesetzlichen Verpflichtung der Bergbauenden zur Tragung der Gefahr und des Schadens beruht, der durch den Bergbau entsteht (Pl. Beschl. von 1849).

Auch in der Rechtsausführung des Ober-Tribunals ist ein gewisser Widerspruch nicht zu verkennen. Das Klagefundament besteht darin, dass ohne den Grubenbetrieb der Brand nicht habe entstehen können, dass er durch denselben möglich geworden. Dies soll nach der Ansicht des Ober-Tribunals nicht einmal zur Annahme eines mittelbaren Schadens ausreichen, weil weder dargethan, noch unter Beweis gestellt sei, dass der Grubenbrand durch den Bergbau, wenn auch unter Mitwirkung eines anderen Ereignisses entstanden sei. Am Schlusse der Urtheilsgründe dagegen wird gesagt: was Kläger unter Beweis gestellt habe, gehe im Wesentlichen nur dahin, dass der Bergbau des Verklagten ein zu dem verursachten Schaden mitwirkendes Ereigniss sei. Ist das Letztere aber der Fall, so ist offenbar der Thatbestand des mittelbaren Schadens vorhanden. Der Nachweis welches andere Ereigniss noch hinzugetreten ist, um den Schaden zu verursachen, gehört doch jedenfalls nicht zum Klagefundamente, sondern zur Exception. Das Verhältniss von Ursache und Wirkung besteht nicht bloss dann, wenn das erste Ereigniss nach den Naturgesetzen das zweite zur nothwendigen Folge haben musste, sondern auch, wenn das zweite ohne das erste nicht eintreten konnte und demnächst wirklich erfolgt ist. Erst wenn ein zweites Ereigniss nachgewiesen ist, ohne welches der Erfolg nicht hätte eintreten können, wenn also im vorliegenden Falle bewiesen würde, dass der Grubenbrand durch ein von dem Grubenbetriebe unabhängiges Ereigniss entzündet worden sei, oder dass er durch den Grubenbetrieb allein nicht verursacht sein könne, erst dann kann von einem mittelbaren Schaden im Gegensatze zum unmittelbaren die Rede sein.

Die Schadloshaltung, welche der Bergwerksbesitzer zu gewähren hat, besteht nach §§. 79. bis 81. A. L. R. I. 6. in der Wiederherstellung des früheren Zustandes oder in dem Ersatze des Minderwerthes.

Dass der Grundbesitzer sich die Wiederherstellung des

Grundstücks durch den Bergbautreibenden gefallen lassen muss, und nicht berechtigt ist, statt dessen Vergütung des Minderwerthes in Gelde zu verlangen, ist in dem oben erwähnten Erkenntnisse vom 21. Juli 1861 (S. 64) ausgesprochen. In dem Erkenntnisse vom 19. October 1863 (Zeitschr. für Bergr. Bd. V. S. 108) ist ferner für den Fall der Wasserentziehung angenommen, dass der Grundbesitzer die zur Wiederverschaffung des Wassers erforderlichen Arbeiten und Anlagen auf seinem Grund und Boden gestatten muss, dass er nicht berechtigt ist, die Wiederverschaffung des Wassers in dem abgetrockneten Brunnen selbst zu verlangen, dass vielmehr der Bergwerksbesitzer sich von seiner Entschädigungsverbindlichkeit ganz oder theilweise befreit, wenn er dem Grundbesitzer das Wasser in einem anderen in der Nähe befindlichen Wasserbehälter wieder verschafft und letzteren zur Benutzung anbietet.

Die Verjährung der Schadloshaltung tritt nach §. 54. A. L. R. I. 6. und nach der Declaration vom 31. März 1838 nach Ablauf von drei Jahren ein. Die dreijährige Verjährung ist jedoch nach dem Erkenntnisse vom 22. Juni 1863 (Strieth. Archiv Bd. 49. S. 298) ausgeschlossen, sobald die rechtskräftige Verurtheilung des Bergwerksbesitzers zum Ersatze des durch den Bergbau verursachten Schadens erfolgt ist. Ist diese Verurtheilung daher nur auf die Verpflichtung zur Schadloshaltung selbst gerichtet, so steht der nach Ablauf von drei Jahren seit der Behändigung jenes Erkenntnisses erhobenen Klage auf Festsetzung der Höhe der Entschädigung die dreijährige Verjährungsfrist nicht entgegen.

Das Gesetz spricht im §. 112. cit. nur von der Entschädigung des Grundeigenthümers für das was er zum Bergwerksbetriebe abgetreten und verloren hat. Die Unterscheidung eines doppelten Eigenthums in demselben Raume hat aber nicht bloss Einschränkungen des Grundeigenthümers zu Folge, sondern es kann auch der Fall eintreten, dass der Bergwerkseigenthümer durch den Gebrauch, welchen der Grundbesitzer von seinem Eigenthume macht, beschädigt wird. Dies ist z. B. der Fall, wenn der Grundbesitzer durch unterirdische Anlagen den Körper der verliehenen Lagerstätte zerstört und dadurch die Gewinnung des verliehenen Minerals erschwert oder unmöglich macht, wie das z. B. bei der Anlage eines Seinbruches, eines Eisenbahntunnels oder auch durch einen blossen Bahneinschnitt geschehen kann. Der Grundbesitzer befindet sich bei diesen Handlungen in der Ausübung seines Rechtes. Er begeht keine unerlaubte Handlung. Gleichwohl trifft ihn die

Verpflichtung, den Bergwerksbesitzer zu entschädigen. Denn der Grundbesitzer hat die gesetzliche Verpflichtung, dem Bergwerksbesitzer die Gewinnung der in seinem Grundstücke gelagerten verliehenen Mineralien zu gestatten. Diese unmittelbar aus dem Gesetze entspringende Verpflichtung kann durch eine der *actio ad exhibendum* analoge Klage verfolgt werden (*arg. l. 15. Dig. ad. exhib. 10. 4.*). Setzt sich also der Grundbesitzer durch den Gebrauch seines Eigenthums ausser Stande, dieser gesetzichen Verpflichtung genügen zu können, so kann der Bergwerksbesitzer mit derselben Klage sein Interesse gegen ihn geltend machen.

Das Ober-Tribunal hat diese Entschädigungsverpflichtung in der Anwendung auf den Fall einer Eisenbahnanlage durch das Urtheil vom 3. November 1854 (Strieth. Archiv Bd. 35. S. 104) anerkannt und den Grundsatz ausgesprochen, dass die Eisenbahngesellschaft nach §. 11. des Eisenbahngesetzes vom 3. November 1838 verpflichtet sei, den Bergwerksbesitzer für das durch die Bergwerksanlage ihm entzogene Nutzungsrecht zu entschädigen.*)

In der bisherigen Erörterung ist der Fall vorausgesetzt, dass der Grundbesitzer durch unterirdische Anlagen unmittelbar in das Eigenthum des Bergwerksbesitzers eingreift. Eine weitere und ungleich häufigere Einschränkung des Bergbaues findet indessen statt, indem der Bergwerksbesitzer zum Schutze der auf der Oberfläche befindlichen Anlagen genöthigt wird, Stücke seiner Lagerstätte, die sogenannten Sicherheits-

*) Die Bezugnahme auf §. 11. des Eisenbahngesetzes trifft nicht zu, da diese Bestimmung die Ausübung des Expropriationsrechtes gegenüber dem Grundbesitzer und dem Nutzungsberechtigten betrifft. Das Bergwerkseigenthum ist aber nicht ein Nutzungsrecht am Grund und Boden, wie das Ober-Tribunal in dem angeführten Erkenntnisse annimmt, sondern ein selbstständiges Eigenthumsrecht mit eigenem Objecte, das zu der Eisenbahnanlage weder gebraucht noch verwendet wird. Die Eisenbahngesellschaft erwirbt durch den Ankauf des Grund und Bodens allein die unbeschränkte Befugniss zu jeder darauf zu errichtenden Anlage und wenn sie durch unterirdische Anlagen das Object des Bergwerkseigenthums zerstört, so bedarf sie dazu nicht der vorgängigen Expropriation, sondern sie ist als Grundbesitzer zu diesen Anlagen legitimirt, ohne dass sie erst das Bergwerkseigenthum erwerben muss. Die Pflicht zur Schadloshaltung für das zerstörte Bergwerkseigenthum entspringt nicht aus dem Eisenbahngesetze, sondern aus dem oben entwickelten Rechtsgrunde. — Das oben angeführte Urtheil spricht ferner die Entschädigungspflicht nicht bloss in Bezug auf die durch Bahneinschnitte zerstörte Bergwerksnutzung aus, sondern auch in Bezug auf die Flötztheile, die zur Sicherheit des Bahnkörpers stehen bleiben müssen. Für diesen Fall gestaltet sich aber die Beurtheilung wesentlich anders, wie weiter unten gezeigt werden wird.

pfeiler unabgebaut zu lassen. Diese Einschränkung kann entweder auf besonderer polizeilicher Anordnung beruhen, oder auf einer allgemeinen gesetzlichen Bestimmung. Das Letztere ist nach §. 1. des Gesetzes vom 20. Mai 1860 (G. S. S. 201) *) in Bezug auf die Verkehrsanlagen der Fall.

In Bezug auf den Schutz solcher Verkehrsanlagen: Eisenbahnen, Canäle, Chausseen u. dgl. besteht also eine gesetzliche Einschränkung des Bergwerkseigenthums und hier findet also die Regel Anwendung, dass eine Entschädigung für gesetzliche Einschränkungen in der Benutzung des Eigenthums nur gewährt wird, wenn solche in dem Gesetze selbst vorgesehen ist, was hier nicht der Fall ist. Gutachten des Staats-Ministeriums vom 16. Nowember 1831 (G. S. S. 256); Erkentnisse des Ober-Tribunals vom 9. März 1849 und vom 15. November 1850 (Entscheidungen Bd. 17. S. 374 und Bd. 20. S. 101).

Ein Entschädigungsanspruch für die Sicherheitspfeiler, welche zum Schutze der Eisenbahnen, Canäle, Chausseen u. dgl. stehen bleiben müssen, findet also nicht statt. Wird dagegen durch besondere polizeiliche Anordnung der Bergwerkseigenthümer verpflichtet, Sicherheitspfeiler zum Schutze von anderen Anlagen stehen zu lassen, die nicht dem Verkehre dienen, so ist er ohne Zweifel berechtigt, Entschädigung dafür zu verlangen. Denn nach §§. 109. 110. 116 b. A. L. R. II. 16. ist der Bergwerksbesitzer ohne alle Einschränkung zur Ausführung jeder bergmännischen Arbeit berechtigt, auch wenn dadurch die Oberfläche und die darauf befindlichen Anlagen zerstört werden. Wird ihm also die Gewinnung eines Flötztheiles zum Schutze solcher Anlagen untersagt, so erleidet er unzweifelhaft eine Einschränkung seines Eigenthums zu Gunsten eines Dritten, für die er nach §§. 30. 31. A. L. R. I. 8. entschädigt werden muss. Die Entschädigungsforderung des Bergwerksbesitzers richtet sich aber, wie in dem Erkenntnisse vom 23. September 1859 (Uebersicht S. 188. Strieth. Arch. Bd. 35 S. 95) ausgeführt ist, nicht gegen den Grundbesitzer, in dessen Interesse die Einschränkung verfügt ist, sondern gegen den Staat, als den Urheber des Polizeiverbotes. Zur Substantiirung dieser Forderung gehört ferner nicht bloss der Nachweis des

---

*) §. 1. Der Bergwerkseigenthümer ist bei dem unter der Aufsicht der Bergbehörde stehenden Bergbau der Einwirkung derselben auf die Gewinnung und Benutzung der Mineralien fortan nicht weiter unterworfen, als zur Wahrung der Nachhaltigkeit des Bergbaues, der Sicherheit der Baue, der Oberfläche im Interesse des Privat- und öffentlichen Verkehrs, des Lebens und der Gesundheit der Arbeiter erforderlich ist.

Vortheils, welcher aus der verbotenen Gewinnung der Mineralien gezogen werden kann, sondern es muss auch der Schade in Rechnung gestellt werden, welcher durch das Polizeiverbot abgewendet ist. Weil nämlich die Gewinnung der verliehenen Mineralien nach §. 112. A. L. R. II. 16. mit der Verpflichtung zum Ersatze der an dem Grundstücke dadurch entstehenden Beschädigungen verknüpft ist, so besteht der entgangene Gewinn nur in dem Ertrage, welcher aus der untersagten Gewinnung der Mineralien gezogen werden kann, nach Abzug der Schadloshaltung für die damit verbundene Beschädigung des Grundstückes. Der Entschädigungsanspruch gegen den Staat wird also nur zu begründen sein, wenn der durch das polizeiliche Verbot entzogene Gewinn grösser ist als der durch das Verbot verhinderte Schaden. So lange daher die Bergpolizei sich darauf beschränkt, ihrer Aufgabe gemäss, nur die überwiegenden Interessen des Grundbesitzes gegen Benachtheiligung durch den Bergbau zu schützen, wird sie gegen jeden Entschädigungsanspruch des Bergwerksbesitzers durch den Mangel eines wirklichen Verlustes geschützt sein.

Diese Grundsätze, welche der Verfasser an einem anderen Orte (Zeitschr. für Bergr. Bd. III. S. 108 ff. und Zeitschr. für Berg-, Hütten- und Salinenwesen Bd. IX. S. XIII.) näher entwickelt hat, stimmen im Wesentlichen mit der Auffassung überein, welche das Ober-Tribunal in den Erkenntnissen vom 28. März 1862 (Entscheidungen Bd. 48. S. 368, Zeitschr. für Bergr. Bd. III. S. 359) und vom 20. März 1863 (Strieth. Archiv Bd. 49. S. 119, Zeitschr. f. Bergr. Bd. IV. S. 245) niedergelegt hat. Beide Erkenntnisse betreffen die Entschädigungsforderung des Bergwerksbesitzers gegen die Eisenbahngesellschaft, für den Sicherheitspfeiler, welchen der Erstere zum Schutze des Bahnkörpers zufolge polizeilicher Anordnung stehen lassen muss. Beide erklären diese Forderung für unstatthaft. Die Gründe des Erkenntnisses vom 20. März 1863, durch welche die auf der entgegengesetzten Auffassung beruhende Entscheidung des Appellationsgerichtes zu Ratibor vernichtet wird, lauten:

»Der Appellationsrichter hält den Anspruch der Klägerin durch §. 93. der Einl. §. 32. Tit. 8., §§. 4 ff. Tit. 22. Th. I. A. L. R. und Art. 9. der Verfassungsurkunde für begründet, und alle diese Gesetze werden von der Implorantin als verletzt bezeichnet.

Dieser Angriff ist begründet. Art. 9. der Verf.-Urkunde lautet:

»Das Eigenthum ist unverletzlich. Es kann nur aus Gründen des öffentlichen Wohles gegen vorgängige, in dringenden Fällen wenigstens vorläufig festzustellende Entschädigung nach Maassgabe des Gesetzes entzogen oder beschränkt werden.«

Allein aus diesem allgemeinen Grundsatze kann der vorliegende Entschädigungsanspruch nicht gerechtfertigt werden. Das Recht des Bergbauenden auf Ausbeutung des ihm verliehenen Feldes ist kein unbeschränktes, es ist vielmehr mannigfachen Beschränkungen, namentlich auch dem Grundeigenthümer gegenüber, unterworfen, wie schon aus dem Formular der Verleihungsurkunden hervorgeht. Der Grundeigenthümer, unter dessen Grund und Boden Bergbau getrieben wird, ist dadurch in der Benutzung seines Eigenthums nicht beschränkt, er kann Gebäude errichten und andere Anlagen machen, und wenn ihm der Bergbauende hierin Beschränkungen auflegen will, so kann er es nur gegen vollständige Entschädigung thun, §. 109 ff. §. 112. Tit. 16. Th. II. A. L. R. Betrachtet man daher eine Eisenbahn, die über ein verliehenes Feld führt, als eine Anlage, welche der Grundeigenthümer auf seinem Grund und Boden errichtet hat, so würde sich aus den allegirten Vorschriften vielleicht der Anspruch des Bergbauenden rechtfertigen lassen, dass der Grundeigenthümer gegen vollständige Entschädigung sich das Eingehen dieser Anlage gefallen lasse. Lässt sich aber ein solcher Anspruch nicht durchführen, weil augenscheinlich die dem Bergbauenden obliegende Entschädigungspflicht in keinem Verhältnisse zu dem durch die Fortsetzung des Bergbaues unter der Eisenbahn zu erzielenden Vortheile stehen würde, und werden ihm deshalb Beschränkungen des Baues unter der Eisenbahn aufgelegt, so liegt hierin kein gesetzlicher Grund zu einem Entschädigungsanspruche gegen den Grundeigenthümer resp. die Eisenbahngesellschaft. Denn der Grundeigenthümer hat nur von seinem Rechte, sein Eigenthum nach Belieben zu benutzen, Gebrauch gemacht, indem er durch den Bergbauenden nur insoweit beschränkt ist, als dieser nach den §§. 109 ff. Tit. 16. Th. II. A. L. R. gegen vollständige Entschädigung Abtretung von Grund und Boden und dergleichen verlangen kann.

Hierzu kommt, dass nach der Declaration vom 27. October 1804 die Ueberlassung des Grundes und Bodens an die Bergbautreibenden an die Bedingung gebunden ist, »wenn dadurch nicht ein anderes, dem Staate ebenso nützliches Gewerbe gehindert wird«, und dass in dem Chausseereglement vom 21. Mai 1796, welches allerdings für einen speciellen Landestheil, die Grafschaft Mark, erlassen ist, welches aber doch darauf schliessen lässt, wie das Gesetz das Verhältniss des Bergbauenden dem Grundeigenthümer gegenüber auffasst, den Gewerkschaften die Pflicht aufgelegt ist, ihre Stollen, Schächte und Strecken so zu bauen und zu unterhalten, dass die darüber gehende Strasse sich nicht senkt, bei eigener Haftung und Erstattung allen Schadens.

Hält man dieses fest, so kann in der von Seiten der Bergbehörde zur Sicherung der Oberschlesischen Eisenbahn getroffenen Verfügung, dass die Klägerin gewisse Sicherheitspfeiler stehen lassen müsse, kein Eingriff in wohlerworbene Privatrechte gefunden werden. Diese Maassregel erscheint vielmehr als ein Ausfluss der Beschränkungen, welchen das Recht des Bergbauenden den bestehenden Gesetzen gemäss unterworfen ist. Der Bergbauende ist nach §. 82. Tit. 16. Th. II. A. L. R. der Aufsicht und Direction des Bergamts unterworfen, und diese Aufsicht erstreckt sich insbesondere auch auf die Sicherheit der Oberfläche im Interesse des Privat- und öffentlichen Verkehrs. cf. §. 1. des Gesetzes, betr. die Beaufsichtigung des Bergbaues vom 21. Mai 1860, und §. 9. des Gesetzes, betr. die Competenz der Oberbergämter vom 10. Juni 1861. Werden ihm daher zur Sicherheit der

Oberfläche und des Verkehrs auf derselben Beschränkungen aufgelegt, so enthält dies nur die Feststellung der gesetzlichen Schranken, innerhalb deren er sein Recht auszuüben hat, nicht aber eine solche Hinderung der Ausübung desselben, welche nach §. 93. der Einl. zum A. L. R. einen Entschädigungsanspruch zu begründen geeignet ist.

Ebensowenig werden dadurch die Voraussetzungen der §§. 30. und 31. Tit. 8. Th. I. A. L. R. begründet, da durch jene Beschränkungen kein Eingriff in die Privatrechte des Bergbauenden hervorgebracht, die Ausübung dieser Rechte vielmehr den gesetzlichen Bestimmungen gemäss nur so geregelt wird, wie sie mit der Sicherheit auf der Oberfläche und des Privat- und öffentlichen Verkehres auf derselben bestehen kann.

Der Appellationsrichter hat daher sowohl die obengedachte Vorschrift der Verfassungsurkunde, als auch den §. 93. der Einl. zum A. L. R. unrichtig angewendet, desgleichen den §. 32., da auch diese Vorschrift nicht geeignet ist, den vorliegenden Entschädigungsanspruch zu begründen, indem es sich hier um eine in den Gesetzen liegende Einschränkung handelt. Auch die vom Appellationsrichter in Bezug genommenen §§. 4 ff. Tit. 22. Th. I. A. L. R. sind unrichtig angewendet, da hier nicht von nothwendigen Servituten die Rede ist. Der Appellationsrichter bezieht sich ferner auf §. 14. des Eisenbahngesetzes vom 3. November 1838 und hält auch dadurch in Verbindung mit dem Plenarbeschlusse vom 20. October 1851 (Entsch. Bd. 21. S. 177.) den vorliegenden Anspruch für begründet. Allein mit Unrecht. Der allegirte §. 14. verpflichtet die Eisenbahngesellschaft zur Einrichtung und Unterhaltung solcher Anlagen, welche die Regierung an Wegen, Ueberfahrten etc. nöthig findet, um die benachbarten Grundbesitzer gegen Gefahren und Nachtheile zu sichern, und hieraus kann unmöglich eine Entschädigungsverpflichtung der Eisenbahngesellschaft dem Bergbauenden gegenüber, welcher Sicherheitspfeiler stehen lassen muss, hergeleitet werden, da diese Maassregel nur in der gesetzlichen Verpflichtung des Bergbauenden ihren Grund hat, seinen Bau — sofort er nicht vollständige Vergütung des dem Grundeigenthümer entstehenden Schadens leistet — so zu führen, dass der Grund und Boden und der Verkehr auf demselben nicht beeinträchtigt wird. Der allegirte Plenarbeschluss aber spricht nur aus, dass durch den §. 14. a. a. O. sonst begründete Ansprüche der Adjacenten auf Entschädigung nicht ausgeschlossen werden, setzt also eine anderweitige Begründung dieser Ansprüche voraus, die nach Vorstehendem nicht dargethan ist. Endlich lässt sich auch der vorliegende Anspruch durch den vom Appellationsrichter in Bezug genommenen §. 24. des Eisenbahngesetzes, wonach die Gesellschaft verpflichtet ist, die Bahn fortwährend in solchem Stande zu erhalten, dass die Beförderung mit Sicherheit erfolgen kann, nicht begründen.

Alle diese Vorschriften sind unrichtig angewendet und es folgt daraus, ohne dass es einer Erörterung aller anderen Angriffe bedarf, dass die Nichtigkeitsbeschwerde für begründet erachtet werden muss.

Für die Entscheidung in der Sache selbst ist noch zu bemerken, dass der erste Richter die Entschädigungspflicht der Verklagten hauptsächlich aus §. 116b. Tit. 16. Th. II. A. L. R. herleitet. Diese Vorschrift lautet:

»Hat Jemand Gebäude, Wasserleitungen, Bleichen und dergleichen in einem Reviere, wo ein Bergbau schon in solcher Weise getrieben wird, dass eine weitere Ausdehnung desselben bis zu diesen neuen Anlagen vernünftiger Weise vorausgesetzt werden konnte, dennoch angelegt, ohne sich von dem Bergamte die Stelle, wo es ohne seine Gefahr geschehen kann, anweisen zu lassen, so ist er wegen der durch den fortgehenden Bergbau daran entstehenden Schäden zu keiner Vergütung berechtigt.«

An sich begründet diese Vorschrift keine Entschädigungspflicht des Grundeigenthümers den Bergbauenden gegenüber, sondern schliesst nur den Anspruch des ersteren auf Entschädigung unter Umständen aus. cf. Striethorst's Archiv für Rechtsfälle Bd. 25. S. 95. Ueberdies muss die Bahnlinie nach §. 4. des Eisenbahngesetzes vom 3. November 1838 vom Handelsministerium genehmigt werden, und die Bergbehörde hat darüber nichts zu bestimmen. Es hätte daher höchstens von ihr eine gutachtliche Auesserung darüber erfordert werden können, in welcher Richtung die Bahnlinie mit den wenigsten Störungen für den Bergbau zu legen sei. Ob etwas und was in dieser Beziehung geschehen sei, ist nicht aufgeklärt.

Auch der erste Theil des Klageantrages:

»die verklagte Gesellschaft zu verurtheilen, den Abbau des in Rede stehenden Kohlenpfeilers zu gestatten,«

kann nicht für begründet erachtet werden, da einestheils das Verbot des Abbaues nicht von der verklagten Gesellschaft ausgegangen ist, anderentheils der verklagten Gesellschaft nicht zugemuthet werden kann, etwas, was die Bergbehörde im Interesse der Sicherheit des Verkehrs auf der Eisenbahn verboten hat, zu gestatten resp. wie der erste Richter diesen Theil des Antrages auffasst, die Möglichkeit dazu zu gewähren.

Hiernach musste das Appellationserkenntniss vernichtet und in der Sache selbst auf Abweisung der Klage erkannt werden.«

Dieselbe Frage, welche das Ober-Tribunal in dem mitgetheilten Erkenntnisse im verneinenden Sinne beantwortet hat, ist von dem Pariser Cassationshofe nach den Grundsätzen des französischen Rechtes bejaht worden. Die Gründe des Cassationsurtheiles vom 18. Juli 1837, welches die Eisenbahngesellschaft für verpflichtet erachtet, den Bergwerksbesitzer für das polizeiliche Verbot des Abbaues des Sicherheitspfeilers unter dem Bahnkörper zu entschädigen, lauten nach der Mittheilung von Richard *Législation française sur les mines, tome II., p. 442*, wie folgt:

La Cour, — Vu les art. 7. et 50. de la loi du 21 avril 1810, l'art. 545. du Code civil et l'art. 9. de la Charte; Attendu que la loi du 21 avril 1810 déclare que les concessions de mines en confèrent la propriété perpétuelle, disponible et transmissible comme les autres biens immeubles, dont les concessionnaires ne peuvent être expropriés que dans les cas et selon les formes prescrites relativement aux autres propriétés;

Attendu que tout propriétaire a droit à une juste indemnité, nonseulement lorsqu'il est obligé de subir l'éviction entière et absolue de sa propriété, mais aussi lorsqu'il est privé de sa jouissance et de ses produits pour cause d'utilité publique;

Attendu que la concession d'une mine a pour objet l'exploitation de la matière minérale qu'elle renferme; que le concessionnaire auquel cette exploitation est interdite dans une partie du périmètre de la mine, pour un temps indéterminé, est privé des produits de sa propriété, et éprouve une véritable éviction dont il doit être indemnisé;

Attendu que le droit de surveillance, réservé par l'art. 50. de la loi de 1810 à l'autorité administrative sur l'exploitation des mines, n'altère en rien le droit de propriété du concessionnaire, et ne lui impose pas l'obligation de subir la perte d'une partie de sa concession pour la création d'un établissement nouveau sans une juste indemnité;

Attendu, en fait, qu'il est reconnu et constaté par l'arrêt attaqué, que la concession de la mine de Couzon est antérieure à celle du chemin de fer, et qu'elle ne contient aucune clause qui oblige les demandeurs à céder une partie du terrain compris dans le périmètre de la mine pour établir le chemin de fer, sans indemnité;

Attendu que l'arrêté du 29 novembre 1829, provoqué par les défendeurs, a été nécessité par la création du chemin de fer; que ses dispositions n'auraient pas été portées si cette voie nouvelle et souterraine n'avait pas été établie dans la mine; qu'ainsi, il n'est pas un acte de police relatif à l'exploitation de la mine, mais une mesure d'administration prise dans l'intérêt du chemin de fer, et uniquement relative à sa consolidation.

Attendu que l'art. 11. de la loi de 1810 ne peut être appliqué, aux établissements formés après la concession, et notamment aux routes souterraines pratiquées dans le périmètre de la mine;

Attendu que les concessionnaires du chemin de fer de Saint-Etienne sont substitués tant aux droits qu'aux obligations de l'État, et sont passibles de l'indemnité due à raison d'une éviction dont ils profitent;

Attendu que le traité qu'ils ont passé, le 1er avril 1818, avec la dame Duroseil, propriétaire de la surface, n'a pu leur conférer aucun droit sur la propriété de la mine; — Que l'arrêt attaqué, en refusant aux demandeurs toute indemnité pour les causes rappelées dans leur demande du 12 mars 1830, a violé les lois précitées; — Casse, etc.

Das Verfahren bei der zwangsweisen Abtretung von Grund und Boden zu bergbaulichen Anlagen ist bereits in den Erkenntnissen vom 1. December 1858 (Uebersicht S. 201 Entsch. Bd. 41 S. 35. Strieth. Arch. Bd. 31. S. 288) erörtert worden und das Ober-Tribunal hat sich in Uebereinstimmung mit den Erlassen des Handelsministers vom 12. und 28. August 1858 für die Ansicht entschieden, dass der Grundbesitzer nicht befugt ist, den zu seiner Grube erforderlichen Grund und Boden wider den Willen des Grundbesitzers und ohne vorheriges Zwangsabtretungsverfahren in Besitz zu nehmen. Die polizeiliche Genehmigung des Betriebsplanes, welche nach §. 1. des Gesetzes vom 21. Mai 1860 (G. S. S. 201) von der Bergbehörde ertheilt wird, kann dieses Grundabtretungsverfahren nicht ersetzen, vielmehr muss der Zwang zur Abtretung und die dagegen von dem Bergwerksbesitzer zu gewährende Schadloshaltung in dem durch die Declaration vom 27. October 1804 vorgesehenen Verfahren geregelt sein, ehe die Besitzergreifung erfolgen kann. Die eigenmächtig ohne diese Festsetzung erfolgte Besitzergreifung kann mit der Besitzstörungsklage abgewendet werden und die polizeiliche Genehmigung der Bergwerksanlagen, vermittelst deren die Besitzstörung stattgefunden hat, schliesst diese Klage nicht aus. Diese Grundsätze sind im Anschlusse an die früheren Entscheidungen angenommen durch das Erkenntniss vom 6. März 1861 (Strieth. Arch. Bd. 42. S. 26, Zeitschr. f. Bergr. Bd. II. S. 512) und wie folgt, motivirt:

»Der vorige Richter verwechselt zweierlei, was streng auseinander gehalten werden muss; einmal die Genehmigung des Betriebsplanes von Seiten der Bergbehörde, und dann die gesetzliche Feststellung dessen, was zur Ausführung dieses Betriebsplanes von dem Grundeigenthümer an den Bergbauenden abgetreten werden muss. Wie sich aus dem vom Richter mitgetheilten Schreiben des Bergamtes vom 17. Juni 1860 ergiebt, hat diese Behörde nachträglich die mit Ueberschreitung des früheren Betriebsplanes in dem fraglichen Feldestheile vorgenommenen Baue genehmigt. Diese Baue sind mithin nunmehr als solche anzusehen, die mit Genehmigung der vorgesetzten Bergbehörde geführt werden, woraus ferner folgt, dass dem Bergbauenden diejenigen Vorrechte zustehen, welche die Gesetze, namentlich §§. 109 ff. Th. II. Tit. 16. A. L. R. Cap. 73. u. 74. der schlesischen Bergordnung und die Declaration vom 27. October 1804 dem Bergbauenden den Grundeigenthümern gegenüber zugestehen. Er kann demnach auch die Abtretung des zu seinen Anlagen erforderlichen Grund und Bodens verlangen, aber — sofern keine gütliche Einigung stattfindet — nur im Wege des oben gedachten Expropriationsverfahrens, und es ist völlig ungerechtfertigt, aus der blossen nachträglichen Genehmigung der unternommenen Betriebsarbeiten zu schliessen, dass auch die behufs derselben schon vorher geschehene Besitzergreifung von Ländereien gerechtfertigt, und dass eine Possessorienklage dagegen nicht zulässig sei. Zwar sagt der erste Richter, dass den Verklagten der sogen. Wiesengarten zur Vornahme durchgreifender Bohrversuche überwiesen sei, und dass nicht angenommen werden könne, die Verklagten hätten sich eigenmächtig und ohne Genehmigung des Bergamtes in den Besitz gesetzt. Nach dem ganzen Zusammenhange kann dies aber nur dahin verstanden werden, dass die Bergbehörde eine Ausdehnung des Baues auf den sogen. Wiesengarten genehmigt, nicht aber, dass sie die Verpflichtung des Grundeigenthümers zur Abtretung desselben festgestellt habe, was jedenfalls auch eine Taxation des abgetretenen Landes vorausgesetzt haben würde.

Der vorige Richter verletzt hiernach die §§. 109., 112. Th. II. Tit 16., §§. 4., 8., 10. Th. I. Tit. 11. A. L. R. die Declaration vom 27 October 1804 durch irrige Anwendung, sowie gleichzeitig dadurch, dass er hauptsächlich auf Grund der obigen, für den vorliegenden Streit unerheblichen Feststellung die Klage abgewiesen hat, die §§. 146., 150., 151 Th. I. Tit. 7. A. L. R. §§. 1., 3. Th. I. Tit. 31. A. G. O. Vergl. Urtheil vom 1. December 1858. (Entsch. Bd. 41. S. 353 ff.)

Sonach zerfällt das vorige Erkenntniss.

Die Verurtheilung, namentlich die darin ausgesprochene Wiederherstellung des früheren Zustandes, kann sich freilich erledigen, wenn die Verklagten in dem vorgeschriebenen Verfahren bei der competenten Behörde die Abtretung des in Rede stehenden Landes bewirken; zur Zeit musste aber auch diese gesetzliche Folge der Besitzstörung ausgesprochen werden.

Die **Besitzstörungsklage** findet ferner nach der Entscheidung vom 17. October 1862 (Zeitschr. f. Bergr. Bd. IV. S. 110) auch dann statt, wenn der Bergwerksbesitzer die durch den Expropriationsbescheid bestimmten Grenzen der Grundabtretung überschreitet. Sie ist aber nach dem Erkenntnisse vom 7. März 1862 (Strieth. Arch. Bd. 46. S. 28, Zeitschr. f. Bergr. Bd. IV. S. 108) ausgeschlossen, wenn die Besitzergreifung seitens des Bergwerkseigenthümers ohne Widerspruch und mit Beistimmung des Grundbesitzers erfolgt ist.

Der **Umfang der Benutzung**, welche dem Bergwerkseigenthümer an dem zwangsweise abgetretenen Grund und Boden zusteht, ist der Natur der Sache nach ein eingeschränkter, da der Grundbesitzer nach §. 109. A. L. R. II. 16. nur verpflichtet ist, die Benutzung zum Grubenbetriebe und zu den in der Declaration vom 27. October. 1804 benannten Abfuhrwegen und Niederlageplätzen zu gestatten. Jeder anderweitigen Benutzung seines Eigenthums kann er mit der Negatorienklage entgegentreten. Dieser Grundsatz scheint verkannt zu sein in der Entscheidung vom 28. November 1862 (Strieth. Archiv Bd. 48. S. 95, Zeitschr. f. Bergr. Bd. IV. S. 116) der zufolge der Bergwerksbesitzer berechtigt sein soll, das zwangsweise zur Benutzung für bergbauliche Zwecke abgetretene Grundstück auch zur Entnahme von Lehm behufs Fabrikation von Ziegeln für die zu errichtenden Berggebäude zu benutzen. In den Gründen dieser Entscheidung wird zunächst ganz zutreffend ausgeführt, dass der Grundbesitzer dieser Benutzung nicht um deswillen widersprechen könne, weil sie ein Angreifen der Substanz in sich schliesst, da ja die meisten der im §. 109. erwähnten bergbaulichen Anlagen nur vermittelst eines Eingriffs in die Substanz des Grundstückes zur Ausführung kommen können. Der Grundbesitzer hatte indess ferner geltend gemacht, dass die Ziegelfabrikation nicht zu den bergbaulichen Arbeiten gehöre, zu welchen er sein Grundstück nach §. 109. cit. allein herzugeben verpflichtet sei. Er hatte deshalb beantragt, dem Bergwerksbesitzer diese Benutzung zu untersagen, wurde aber mit seiner Negatorienklage durch drei Instanzen abgewiesen. Das Ober-Tribunal motivirt die Verwerfung der Nichtigkeitsbeschwerde wie folgt:

»Der Appellationsrichter stellt fest, dass die hier fraglichen Grundstücke der Verklagten ohne alle Beschränkung zu ihren bergbaulichen Zwecken überwiesen worden, und es liegt in der Natur der Sache, dass die derselben hierdurch gestattete Benutzung auch ein Angreifen der Substanz in sich schliesst, da solches bei vielen bergbaulichen Arbeiten, wie z. B. bei Anlegung von Schächten und Stollen, nicht zu vermeiden ist. Allerdings kann die Ziegelfabrikation an sich nicht als ein bergbaulicher Zweck angesehen werden, dazu ist aber auch die Expropriation nicht erfolgt, sondern zur Ausführung der projectirten Tiefbau-Anlage. Kläger hat nicht behauptet, dass dieser Zweck erledigt sei, er fordert auch die Grundstücke nicht zurück, und man muss daher annehmen, dass die Gründe, welche die competenten Behörden veranlasst haben, die Grundstücke der Verklagten zu ihren bergbaulichen Zwecken zu überweisen, noch fortdauern. Zur Zeit hat Kläger daher noch gar keinen Anspruch darauf, dass ihm die Nutzung der Grundstücke wieder eingeräumt werde, er muss sich vielmehr nach §. 113. II. 16. des Allg. Landrechts damit begnügen, dass ihm die entgangene jährliche Abnutzung so lange in jedem Jahre vergütet werde, bis der Boden wieder in solchen Stand gesetzt ist, dass er gehörig genutzt werden kann. Wenn in der gedachten Vorschrift von der jährlichen Abnutzung, welche dem Eigenthümer des Grundstücks vergütet werden soll, die Rede ist, so hat es offenbar nur den Sinn, dass er Entschädigung für die entzogenen Nutzungen erhalten soll, nicht aber den, dass der Bergbauende auf eine solche Benutzung des Grundstücks, welche unbeschadet der Substanz stattfinden kann, beschränkt ist. Auch wird der Eigenthümer des Grund und Bodens, so lange die Entziehung desselben fortdauert, durch ein Angreifen der Substanz, namentlich auch durch Entnehmen von Lehm zur Ziegelfabrikation, nicht weiter benachtheiligt; vielmehr kommt erst bei der Rückgewähr des Grundstücks die Frage zur Sprache, ob dasselbe dadurch dergestalt verändert ist, dass es nicht gehörig benutzt werden kann, und ob daher der Bergbauende die bei der Expropriation ermittelte Vergütung noch ferner zahlen oder für die schlechtere Beschaffenheit des zurückzugewährenden Grundstücks besondere Entschädigung leisten muss. Was nun speciell die Benutzung der in Rede stehenden Grundstücke zur Gewinnung von Lehm behufs der Ziegelfabrikation betrifft, so muss, wie schon ausgeführt ist, angenommen werden, dass dieses nicht der Zweck der Expropriation, sondern eine neben den bergbaulichen Zwecken, zu welchen die Expropriation stattgefunden hat, bestehende Nutzung ist. Die Verklagte giebt darüber in der Klagebeantwortung die Auskunft:

> Das Grundstück Flur A. No. 159., welches unmittelbar an die Schachtgebäude angrenze, sei nach dem Betriebsplan zum Haldenplatze bestimmt und werde gegenwärtig, um die Halde zu lagern, einige Fuss ausgetieft und der dabei herauskommende Lehm, um solchen zu den Berggebäuden über Tage zu verwenden, in Ziegelform erhärtet,

worüber sich Kläger nicht speciell ausgelassen hat. Es ist kein gesetzlicher Grund vorhanden, eine solche, den bergbaulichen Zwecken mittelbar dienende Nutzungsart eines Grundstücks, dessen vollständige Nutzung der Bergbauende so lange vergüten muss, bis dasselbe wieder in solchen Stand gesetzt ist, dass dasselbe gehörig genutzt werden kann, demselben zu untersagen. Dies vorausgeschickt, können die Angriffe des Imploranten nicht für begründet erachtet werden. Eine Verletzung des §. 109. II. 16. des Allg. Landrechts liegt darin nicht, dass der Appellationsrichter die Verklagten zu der in Rede stehenden Substanzverminderung für berechtigt erachtet hat. Derselbe hat eben so wenig gegen §. 46. der Einleitung zum Allg. Landrecht, wonach den Gesetzen kein anderer Sinn, als derjenige, welcher sich aus den Worten und dem Zusammenhange derselben ergiebt, beigelegt werden soll, so wie gegen die von der Expropriation handelnden §§. 29. und 30. I. 8. des Allg. Landrechts verstossen, in welcher letzteren Beziehung noch besonders in Betracht kommt, dass die Expropriation gar nicht zum Behuf der Ziegelfabrikation erfolgt ist.

Die Auslegungsregel des ferner als verletzt bezeichneten §. 17. I. 19. des Allg. Landrechts kann nicht für anwendbar erachtet werden, weil die bergbaulichen Zwecke ein Angreifen der Substanz einschliessen, und nach der obigen Ausführung der Grundeigenthümer dadurch nicht besonders beeinträchtigt ist, indem er für die entzogene Nutzung so lange vollständig entschädigt wird, bis ihm das Grundstück im gehörigen Nahrungszustande wieder zurückgegeben werden kann. Desgleichen können die §§. 8. und 9. des Eisenbahngesetzes vom 3. November 1838, wonach auf Grundstücken, die nur zu vorübergehenden Zwecken abgetreten sind, das Ausgraben von Erde zur Ziegelfabrikation nicht gestattet ist, auf den vorliegenden Fall nicht angewendet werden, da in diesem die die Abtretung von Grund und Boden zu bergbaulichen Zwecken behandelnden Vorschriften maassgebend sind. Diese, namentlich die §§. 109., 112. und 113. II. 16. des Allg. Landrechts, stehen, wie die obige Ausführung ergiebt, dem Kläger nicht zur Seite und sind nicht verletzt.

Dasselbe gilt von den §§. 69., 73. und 79. ebendaselbst, da es sich nicht um einen Bergbau behufs Gewinnung des Lehms zur Ziegelfabrikation handelt; eben deswegen finden auch die §§. 106. und 107. a. a. O. nicht Anwendung; desgleichen die §§. 188. und 189. ebendaselbst, welche von der Verpflichtung des beliehenen Bergwerks-Eigenthümers, das Bergwerks-Eigenthum fortwährend zu benutzen, spricht.

Endlich trifft den Appellationsrichter auch nicht der Vorwurf, dass er den Umfang der dem Bergbauenden in Bezug auf die Benutzung des abgetretenen Grundes und Bodens zustehenden Befugnisse verkannt und gegen das Präjudiz No. 1890. (Präjudizien-Sammlung I. S. 216) verstossen habe, da die durch den Expropriations-Bescheid festgestellte Verpflichtung zur Abtretung der Grundstücke bergbauliche Zwecke, aber nicht, wie schon erwähnt, die Gewinnung von Ziegelerde zum Grunde hat.«

Wenn das Ober-Tribunal in dieser Ausführung zunächst den gesetzlichen Grund zur Untersagung der streitigen Benutzung vermisst, so liegt derselbe unzweifelhaft in dem trotz der Grundabtretung fortdauernden Eigenthumsrechte des Grundbesitzers vor, welches ihn berechtigt, jede Benutzung zu untersagen, auf die der Bergbautreibende nicht ein Recht erworben hat. Die Grundabtretung giebt ihm aber nur das Recht der Benutzung zu den unter §. 109. cit. zu begreifenden bergbaulichen Zwecken. Die Ziegelfabrikation ist, wie das Ober-Tribunal zugiebt, darunter nicht zu begreifen, sondern nur als eine den bergbaulichen Zwecken mittelbar dienende Benutzungsart anzusehen. Ein Zwang zur Grundabtretung behufs der Ziegelfabrikation für die Errichtung von Berggebäuden würde also nach §. 109. nicht stattfinden. Ebensowenig ist aber der Bergwerksbesitzer, welcher die Abtretung zu anderen unter

§. 109. begriffenen bergbaulichen Zwecken erzwungen hat, durch diese Zwangsabtretung berechtigt, das Grundstück zu anderen unter §. 109. nicht begriffenen Zwecken zu benutzen. Der Eigenthümer kann diese Benutzung jedenfalls dann untersagen, wenn sie unabhängig von den eigentlich bergmännischen Anlagen einen Verbrauch der Substanz zur Folge hat, wie das bei der Ausschachtung eines Grundstückes zur Ziegelfabrikation der Fall ist. Dass der Grundbesitzer durch ein solches Angreifen der Substanz, so lange die Entziehung des Grund und Bodens fortdauert, »nicht weiter benachtheiligt werde« ist schwerlich richtig. Gewagt ist endlich die Ausführung, dass die Gestattung der Gewinnung von Ziegelerde aus einem zu bergbaulichen Zwecken abgetretenen Grundstücke das Präjudiz 1890. (Uebersicht S. 207) nicht verletze, »da die durch den Expropriationsbescheid festgestellte Verpflichtung zur Abtretung der Grundstücke bergbauliche Zwecke aber nicht die Gewinnung der Ziegelerde zum Grunde hat.« Wenn man nämlich annehmen muss, dass diese Verpflichtung die im §. 109. bezeichneten bergbaulichen Zwecke nicht bloss zum Grunde sondern auch zum Gegenstande hat und dass der Bergwerksbesitzer zu keiner weitergehenden dem Grundbesitzer nachtheiligen Benutzung berechtigt ist, so gelangt man zu der Annahme, dass der Appellationsrichter allerdings das Präjudiz 1890. verletzt, wenn er auf Grund der zu bergbaulichen Zwecken erfolgten Grundabtretung die Gewinnung nicht regaler Fossilien gestattet.

Der in dem Erkenntnisse vom 5. Juni 1857 (Strieth. Archiv Bd. 24. S. 358 Uebersicht S. 211) aufgestellte Satz: »Der Erbkux ist unverjährbar« ist in dem Erkenntnisse vom 11. Januar 1861 (Zeitschr. f. Bergr. Bd. II. S. 394) von Neuem anerkannt worden. Zur weiteren Begründung desselben führt das Ober-Tribunal aus:

»Implorant bemüht sich, darzuthun, dass das Gesetz hinsichtlich der Grundkuxe ganz ebenso wie hinsichtlich des Mitbaurechts nur *in abstracto* eine Veräusserung, folglich auch eine translative Verjährung nicht zulasse, dass aber hinsichtlich des Products dieses Rechts, des durch seine Ausübung entstandenen Bergeigenthumsantheils, Verjährung und Veräusserung zulässig sei. Allein bei dem unbedingten Verbote, welches der §. 118. a. a. O. enthält, kann dem nicht beigetreten werden. Der Erbkux besteht in dem dem Grundeigenthümer gesetzlich zustehenden Antheile an dem Bergwerke; derselbe erwirbt diesen Antheil ohne alles Zuthun von seiner Seite, und es ist mit diesem Erwerbe auch keinerlei Verpflichtung, zu den Kosten beizutragen, verbunden. §§. 117 ff. §. 122. Th. II. Tit. 16. A. L. R. Beim Erbkux kann daher nicht wie beim Mitbaurecht, welches erst in Folge einer vom Grundeigenthümer abzugebenden Erklärung erworben wird und dann mit der Verpflichtung zum verhältnissmässigen Beitrage zu den Kosten verbunden ist, — §§. 123 ff. a. a. O. — unterschieden werden zwischen dem Rechte *in abstracto* und dem Producte desselben. Vergl. Entsch. Bd. 21. S. 385 ff. Die zwei Freikuxe, aus denen der Erbkux besteht, sind vielmehr unbedingt und für immer mit dem Grund und Boden, innerhalb dessen die Fundgrube belegen ist, untrennbar verbunden.«

Eine Ausnahme von dem erwähnten Grundsatze wird dagegen in dem Erkenntnisse vom 22. Juni 1860 (Entscheidungen Bd. 45. S. 107, Strieth. Archiv Bd. 38. S. 60, Zeitschr. f. Bergr. Bd. II. S. 389) für den Fall statuirt, dass der Gutsherr, auf dessen Territorium die Fundgrube liegt, statt des Grundeigenthümers in den Besitz der Grundkuxe gelangt und dieselben durch rechtsverjährte Zeit besessen hat. Diese Ausnahme wird aus der Fassung der §§. 118. und 119. A. L. R. II. 16. abgeleitet, welche bestimmen:

§. 118. Dieser Erbkux kann von dem Grund und Boden, auf welchem das Bergwerk betrieben wird, weder getrennt noch besonders veräussert werden.

§. 119. Wer bei getheiltem Eigenthume den Erbkux erhalte, ist nach Vorschrift des Ersten Theiles Tit. 9. §. 94. und inwiefern der Gutsherr den Vorzug vor dem Grundeigenthümer darauf habe, nach den Provinzialgesetzen zu beurtheilen.

Im vorliegenden Falle stand nun nach dem Präjudiz 45. (Uebersicht S. 221) dem Gutsherrn ein solcher Vorzug nicht zu, vielmehr gebührt der Grundkux dem Grundeigenthümer. Weil aber §. 119. dies nicht direct, sondern nur durch Verweisung auf das betreffende Provinzialgesetz ausspricht, so vermisst das Ober-Tribunal in dem §. 118. cit. ein ausdrückliches Verbot der Veräusserung des Grundkuxes an den Gutsherrn und nimmt an, der §. 118. habe nur eine solche Trennung des Grundkuxes von dem Grund und Boden verboten, vermöge deren weder der Grundeigenthümer noch der Gutsherr den Erbkux besitzen soll.

Die Bedenken, welche dieser Auffassung entgegenstehen, sind bereits von den Herausgebern der Zeitschrift für Bergrecht (a. a. O. S. 393) hervorgehoben, welche namentlich darauf aufmerksam machen, dass eine Theilung des Eigenthums, wie sie §. 119. voraussetzt, nach heutigem Rechte nicht mehr besteht, und der Gutsherr mit dem Obereigenthume auch das etwaige Anrecht auf den Grundkux verloren hat.

In Bezug auf die Tradde ist das Erkenntniss des Appellationsgerichtes zu Hamm vom 14. April 1862 (Gruchot Beiträge Bd. VII. S. 391) zu erwähnen, nach welchem der Grundbesitzer neben der Tradde den Ersatz der zufälligen Grundschäden fordern kann. Das Appellationsgericht nimmt im Gegensatz zu dem in der früheren Uebersicht S. 512 mitgetheilten Erkenntnisse des Ober-Tribunals vom 11. Januar 1858 an, dass die Tradde »nur für den zum Bergbau abgetretenen und zu letzterem benutzten Grund und Boden gewährt werde, nicht aber für jeden anderen in Folge des Bergbaues an seinem Grundbesitz entstehenden Schaden.» Die Ansicht des Ober-Tribunals »dass dem Grundherrn, wenn er das Traddefass erhalten, eine weitere Vergütung des durch den Bergbau auf seinem Grund und Boden entstandenen Schadens nicht zustehe,« dürfte indess die richtige sein. Sie wird nicht nur durch den Wortlaut des §. 2. der Declaration vom 13. September 1777 unterstützt, nach welcher dem Grundherrn, falls er das Traddefass erhalten hat, obliegt, »sein Land auszuebnen» ohne dass er eine Vergütung des Schadens erhält, sondern auch durch die Bestimmungen der älteren Bergordnungen, welche die Naturalentschädigung durch den Grundkux, Ackertheil u. dgl. statt jeder Geldentschädigung nicht bloss für den abgetretenen Grund und Boden, sondern auch für die Grundschäden gewähren.*)

In Bezug auf das Recht des Mitbaues zur Hälfte hat das Ober-Tribunal in der Entscheidung vom 24. November 1862**) (Strieth. Arch. Bd. 48. S. 80) dieselben Grundsätze aufrecht erhalten, welche es in dem Präjudiz 1247. vom 23. December 1842 und in den Entscheidungen vom 23. Juni 1854 und vom 2. Mai 1859 (Uebersicht S. 223. S. 229. Entsch. Bd. 28. S. 174. Strieth. Arch. Bd. 25. S. 185. Bd. 33. S. 170) aufgestellt hat, dass die Erwerbung des Mitbaurechtes in dem Zeitpunkte erfolgt, wo die in der Declaration vom 1. Februar 1790 vorgeschriebene Aufforderung zur Ausübung des Mitbaurechtes ergeht, oder, wenn diese Aufforderung unterblieben ist, in dem Zeitpunkte, wo die Aufforderung hätte ergehen müssen; dass das so erworbene Recht auf den neuen Erwerber des Grundstücks nicht übergeht und dass also der in dem erwähnten Zeitpunkte im Besitze der Fundgrube befindliche Grundeigenthümer auch nach der Veräusserung des Grundstücks zur Ausübung des Mitbaurechtes berufen bleibt; dass aber die Lage der Fundgrube ausschliesslich nach der bergamtlichen Ver-

*) Nassau-Katzenelnbogische B. O. Art. 28.; Chur-Triersche B. O. Th. I. Art. III. 25., Chur-Sächsische B. O. Art. 72.

**) Dasselbe Urtheil ist in der Zeitschrift für Bergrecht Bd. IV. S. 120 mit dem Datum vom 30. Mai 1862 mitgetheilt.

messung zu beurtheilen ist. Der Motivirung dieser Sätze ist nichts Neues hinzugefügt worden. Es mag daher auch hier auf dasjenige Bezug genommen werden, was in der früheren Uebersicht S. 227 ff. zur Unterstützung dieser Ansicht gesagt ist, von welcher der Verfasser nur in dem Punkte abweicht, dass die Erwerbung des Mitbaurechtes unmittelbar mit der Einlegung der Muthung erfolgt und nicht in dem gesetzlich nicht bestimmten Zeitpunkte, wo die Aufforderung zur Ausübung des Rechtes hätte geschehen können oder müssen.

§. 7. Die Gewerkschaft.

Die Gewerkschaft hat durch das Gesetz vom 12. Mai 1851 (G. S. S. 265) in der beschlussfähigen Gewerkenversammlung (§. 4.) und in dem Repräsentanten oder Grubenvorstande (§§. 13. 15.) Organe der Willens- und der Handlungsfähigkeit erhalten. Die Gewerkenversammlung beschliesst mit einfacher Mehrheit über Betriebs- und Haushaltsangelegenheiten, sowie über Anlagen, welche ohne für den Betrieb unbedingt nothwendig zu sein, doch den gemeinsamen Vortheil bezwecken (§. 6.), mit einer Mehrheit von drei Vierteln der Antheile über Verfügungen, welche die Substanz des Bergwerks betreffen (§. 7.). Der Umfang des Kreises der Rechts- und Handlungsfähigkeit, welcher in den §§. 6. 7. cit. der Gewerkschaft als solcher eingeräumt wird, ist nach mehreren Richtungen streitig geworden und bildet den Gegenstand von zwei Entscheidungen des höchsten Gerichtshofes, welche die Frage betreffen, ob die Gewerkschaft als solche neues Bergwerkseigenthum zu erwerben fähig ist.

Die Gewerkschaft der Zeche Steingatt machte im Wege der Klage gegen die Gewerkschaft der Zeche Altendorf Rechte aus der Muthung Helene geltend, welche der Gerichtsdirector B. als Vertreter ihres Grubenvorstandes von dem Muther durch einen notariell recognoscirten Vertrag gekauft habe. Sie wurde in der ersten Instanz zurückgewiesen, weil der Grubenvorstand nach §. 18. des Gesetzes vom 12. Mai 1851 nicht legitimirt sei, fremdes Bergwerkseigenthum im Wege des Kaufes für die Gewerkschaft zu erwerben. In der zweiten Instanz producirte die Klägerin einen Vertrag durch welchen im Laufe des Processes die Besitzer von 123 Kuxen der Zeche Steingatt dem in Rede, stehenden Vertrage beigetreten waren.

Das Appellationsgericht zu Hamm bestätigte indess das erste Erkenntniss durch das in der Zeitschrift f. Bergr. Bd. IV. S. 509 mitgetheilte Urtheil und machte als ersten Entscheidungsgrund geltend, dass auf den im Laufe des Processes abgeschlossenen und producirten Vertrag nicht Rücksicht genommen werden dürfe, da die Activlegimation nach dem Präjudiz 809. stets zur Zeit der Anstellung der Klage vorhanden sein müsse. Abgesehen von diesem Rechtsgrundsatze könne aber auch der Beitritt einer Mehrheit von Gewerken oder selbst sämmtlicher Gewerken zu dem Kaufvertrage diesen nicht gültig machen, weil die Gewerkschaft als solche überhaupt nicht fremdes Bergwerkseigenthum erwerben könne. Nur die einzelnen Gewerken könnten neues Bergwerksvermögen erwerben. Sie bildeten dann aber eine neue auch bei gleicher Betheiligung von der klagenden ganz verschiedene Gewerkschaft.

Die gegen dieses Erkenntniss erhobene Nichtigkeitsbeschwerde wurde durch das Urtheil vom 4. Juni 1862 (a. a. O. S. 511) zurückgewiesen. Eine Prüfung des zweiten Entscheidungsgrundes fand indess nicht statt, weil das Ober-Tribunal die gegen den ersten Entscheidungsgrund gerichteten Angriffe für nicht begründet erachtete.

In einem zweiten Erkenntnisse vom 7. September 1863 (Zeitschr. f. Bergr. Bd. V. S. 98) hat jedoch das Ober-Tribunal die von dem Appellationsgerichte zu Hamm aufgestellte Ansicht von der Unzulässigkeit der Erwerbung neuen Bergwerkseigenthums für die Gewerkschaft als solche ausdrücklich reprobirt.

Die Gewerkschaft der Zeche Wohlverwahrt machte im Wege der Klage gegen die Gewerkschaft der Zeche Jacob das Vorzugsrecht auf ein mit ihrem Grubenstollen überfahrenes und von ihr gemuthetes Steinkohlenflötz geltend, wurde aber in zweiter Instanz durch Erkenntniss des Appellationsgerichts zu Hamm aus dem Grunde abgewiesen, weil nicht die klagende Gewerkschaft, sondern nur die einzelnen Gewerken Rechte auf das gemuthete Flötz geltend machen könnten. Das Ober-Tribunal hat dieses Erkenntniss vernichtet und ausgeführt:

»Klägerin behauptet, das in Rede stehende Flötz mit einer von ihrem Stollen nach Süden getriebenen Strecke durchfahren zu haben; sie nimmt also Finderrecht auf dasselbe in Anspruch, da dieses im Allgemeinen demjenigen zukommt, welcher das Vorhandensein eines Minerals zuerst nachweist — vergl. Karstens Grundriss §. 48. — das Allg. Landrecht auch in §. 234. Th. II. Tit. 16. ausdrücklich vorschreibt, dass der Stöllner an den unverliehenen Gängen und Flötzen, die er gehörig überfährt, die Rechte des ersten Finders habe. Mag diese Vorschrift auch, wie in einem früheren Falle angenommen worden, von den besonderen Rechten des Erbstöllners sprechen — vergl. Striethorst's Archiv Bd. 8. S. 29 — so kommt es doch zunächst nicht auf Bestimmung der der Klägerin auf Grund der Ueberfahrung zustehenden Rechte, sondern nur auf ihre Legitimation zur Verfolgung derselben an, und es liegt auf der Hand, dass die Verfolgung der aus der

Ueberfahrung eines Flötzes entstehenden Rechte, nur demjenigen zustehen kann, der dasselbe überfahren hat, also hier der Klägerin, welche das in Rede stehende Flötz überfahren zu haben behauptpte.

Der Appellationsrichter verneint dies, indem er ausführt:

»das gewerkschaftliche Verhältniss werde lediglich durch das gemeinschaftliche Eigenthum des der Gewerkschaft zugehörigen Bergwerks bedingt, und der Zweck dieses Eigenthums sei die Gewinnung von Fossilien innerhalb eines bestimmten Bezirks. Mit diesem Zwecke könne der weitere Erwerb von Bergwerkseigenthum für vereinbar nicht erachtet werden, wenn das Gesetz dies nicht ausnahmsweise gestatte. Eine solche Ausnahme liege nicht vor und es könne daher die klagende Gewerkschaft durch ihren Lehnträger, überhaupt durch ihre gesetzliche Vertretung, eben weil es sich um eine ausserhalb ihres ursprünglichen Zweckes liegende Erwerbung handele, Rechte auf die fragliche Muthung nicht geltend machen.«

Mit Recht bezeichnet die Implorantin diese Ausführung als rechtsgrundsätzlich unrichtig. Da die klagende Gewerkschaft die durch das Ueberfahren des Flötzes begründeten Finderrechte verfolgt, so kann auch Niemand als eben die Gewerkschaft, bei deren Betrieb die Ueberfahrung erfolgt ist, durch ihren gesetzlichen Vertreter diesen Anspruch geltend machen, was um so unzweifelhafter ist, als nach §. 18. No. 14. des Gesetzes über die Verhältnisse der Miteigenthümer eines Bergwerks vom 12. Mai 1851 die Wahrnehmung und Verfolgung der der Gewerkschaft etwa zustehenden Finderrechte zu den gesetzlichen Obliegenheiten des Repräsentanten oder Grubenvorstandes einer Gewerschaft gehört. Wenn daher einer Gewerkschaft Finderrechte zustehen, so ist sie auch zur Verfolgung derselben durch ihren Repräsentanten befugt. Der Zweck ihrer Gemeinschaft ist nicht dergestalt auf die Gewinnung von Fossilien innerhalb eines bestimmten Districts beschränkt, dass die Verfolgung etwaiger dabei erworbener Finderrechte ausgeschlossen und nur ausnahmsweise gestattet wäre; vielmehr ist es gesetzliche Regel, dass der Repräsentant einer Gewerkschaft zur Verfolgung der derselben etwa zustehenden Finderrechte legitimirt ist.«

Mit dieser Auffassung stimmt auch die Praxis der verleihenden Behörde überein. Nach §. 20a. der Circularverfügung vom 31. März 1852 (Bd. I. S. 45 d. Zeitschr. f. Berg-, Hütten- und Salinenwesen) kann auch für eine Gewerkschaft Muthung eingelegt werden. Ob dabei die Gewerkschaft durch ihren Repräsentanten oder Grubenvorstand vertreten werden kann, hängt nach dem Erlasse vom 24. October 1852 (a. a. O. Bd. I. S. 48) davon ab, ob die Muthung die der Gewerkschaft zustehenden Finderrechte verfolgt. Ebenso ist in dem Recursbescheide des Handelsministeriums vom 5. März 1863 (Zeitschr. f. Bergr. Bd. V. S. 129) angenommen, dass die gewerkschaftliche Mehrheit gültig beschliessen kann, die Erbstollengerechtigkeit für ihre Tiefbauanlage Namens der Gewerkschaft zu muthen und dass die dissentirenden Gewerken nicht befugt sind, dieser Muthung anders als im Wege der schiedsrichterlichen Berufung zu widersprechen.

Während die angeführten Entscheidungen die Erwerbung von neuem Bergwerkseigenthum betreffen, erörtert das Erkenntniss des Appellationsgerichtes zu Hamm vom 16. März 1860 (Zeitschr. f. Bergr. Bd. III. S. 352) die Frage, ob die Gewerkschaft sich durch Mehrheitsbeschluss als Actionärin an einer Eisenbahngesellschaft betheiligen kann und verneint dieselbe, weil unter den im §. 6. des Gesetzes vom 12. Mai 1851 bezeichneten Anlagen, die den gemeinsamen Vortheil bezwecken, nur solche verstanden werden, deren Ausführung unmittelbar von der Gewerkschaft selbst ausgehen soll und welche mit dem Baubetriebe des Bergwerks selbst im Zusammenhange stehen. Dies sei aber bei einer Actienzeichnung zum Behufe einer von Dritten zu bauenden Bahn nicht der Fall, eine solche sei auch an und für sich eine dem eigentlichen Baubetriebe fremde Anlage.

Die entgegengesetzte Ansicht ist mit gutem Grunde von Ebmeier (Zeitschr. f. Bergr. Bd. I. S. 141) vertheidigt. Es ist sehr wohl denkbar und in der That häufig der Fall, dass eine für Rechnung einer Actiengesellschaft angelegte Eisenbahn dem Betriebe der anliegenden Gruben zum Vortheile gereicht, und dass eben deshalb eine Betheiligung der Bergwerksbesitzer bei der Actienzeichnung stattfindet. Will man in diesem Falle der Majorität die Befugniss absprechen, eine solche Actienzeichnung zu beschliessen, so muss man der Gewerkschaft ebenso die Befugniss absprechen, sich an gemeinschaftlichen Bergschulen, an technischen Versuchen für gemeinschaftliche Rechnung und an anderen nützlichen Einrichtungen, deren Ausführung nicht unmittelbar von der Gewerkschaft ausgehen soll, zu betheiligen, während doch das Gesetz im §. 18. No. 16. die Betheiligung an solchen gemeinschaftlichen Einrichtungen ausdrücklich unter den gewerkschaftlichen Angelegenheiten erwähnt.

In Bezug auf die Befugnisse des Repräsentanten ist die Entscheidung vom 9. December 1862 (Strieth. Arch. Bd. 48. S. 126) zu erwähnen, welche feststellt, dass unter den Betriebsmaterialien und Geräthschaften, zu deren Anschaffung der Repräsentant nach §. 18. No. 7. des Gesetzes vom 12. Mai 1851 ermächtigt ist, auch die erforderlichen Transportmittel, wie Wagen und Pferde, zum Abfahren des geförderten Productes begriffen sind.

Das Erkenntniss vom 17. October 1862 (Zeitschr. f. Bergr. Bd. IV. S. 110) welches oben S. 79 bereits erwähnt ist, behandelt die Frage, ob gegen die Gewerkschaft mit der Besitzstörungsklage wegen einer auf Anordnung des Repräsentanten ausgeführten Anlage geklagt werden kann und bejaht dieselbe aus folgenden Gründen:

»Implorantin ist der Meinung, dass nach §. 18. des Gesetzes vom 12. Mai 1851 der Repräsentant keine Ermächtigung habe, in fremdes Eigenthum oder fremden Besitz mit der Wirkung einzugreifen, dass die Gewerkschaft dafür verantwortlich wäre, und bezeichnet als verletzt den §. 18. des Gesetzes vom 12. Mai 1851, §§. 90. und 152. Tit. 13. und §. 50. Tit. 6. Th. I. A. L. R. Allein mit Unrecht. Allerdings kann nicht behauptet werden, dass der Repräsentant einen besonderen Auftrag zur Ueberschreitung der durch den Expropriationsbescheid bestimmten Grenzen gehabt, dessen bedurfte es aber auch nicht zur Begründung der Passivlegitimation in dem vorliegenden Possessorienprocess gegen die verklagte Gewerkschaft. Es genügt dazu die Feststellung, dass bei Anlegung ihres Schienenweges die Grenze, innerhalb deren ihr die Expropriation gestattet ist, nicht innegehalten worden. Diese Abweichung von dem bei der Expropriation bestimmten Tractus kann nicht als eine Ueberschreitung der Grenzen eines dem Bevollmächtigten ertheilten Auftrages, wie sie der §. 90. a. a. O. voraussetzt, angesehen werden; der Bevollmächtigte hat nicht Geschäfte vorgenommen, auf die sich sein Auftrag nicht bezog, er hat vielmehr nur bei dem ihm ertheilten Auftrage — anscheinend auf Grund eines Versehens — in den Besitz des Klägers störend eingegriffen, wodurch er sich möglicher Weise verantworlich gemacht haben kann, wodurch aber der in der Anlage begriffene Schienenweg nicht aufhört, eine Anlage der verklagten Gewerkschaft zu sein, welche daher auch, wenn es sich um Schutz des Klägers gegen die dadurch bewirkte Störung seines Besitzes und die Wiederherstellung des früheren Zustandes handelt, als die richtige Verklagte betrachtet werden muss.«

Die Bestimmungen des Gesetzes vom 12. Mai 1851 §§. 8. und 9. über das Schiedsgericht, dessen Entscheidung gegen die gewerkschaftlichen Beschlüsse angerufen werden kann, haben zu neuen Zweifeln darüber Veranlassung gegeben, ob und mit welcher Wirkung der Rechtsweg gegen die schiedsrichterliche Entscheidung beschritten werden kann.

Das Kreisgericht zu Minden hatte in dem Erkenntnisse vom 2. October 1861 (Zeitschr. f. Bergr. Bd. IV. S. 237) die §§. 173—175. Tit. 2. der Processordnung zur Anwendung gebracht, welche bestimmen, dass, wenn bei dem Compromisse die Appellation an den ordentlichen Richter ausdrücklich ausgeschlossen worden ist, dennoch der Ausspruch des Schiedsrichters aus den im §. 172. a. a. O. angegebenen beiden Gründen als nichtig angegriffen werden kann und dass in diesem Falle der ordentliche Richter nicht bloss über die Vernichtung des Schiedsspruches, sondern falls letztere erfolgt, auch in der Sache selbst anderweit in erster Instanz zu erkennen hat. Das Kreisgericht legte der Vorschrift des Gesetzes vom 12. Mai 1851 §. 8., dass eine Berufung auf den Rechtsweg gegen die gewerkschaftlichen Beschlüsse nicht stattfindet, dieselbe Bedeutung bei wie der im §. 173. Tit. 2. der Processordnung erwähnten Verabredung, dass der Ausspruch der Schiedsrichter ohne Widerrede gelten solle. Es brachte daher auf die von der Minorität der Gewerkschaft von Bölhorst und Laura eingelegte Provocation den §. 175. a. a. O. zur Anwendung, indem es nicht bloss die Vernichtung des angefochtenen Schiedsspruches aussprach, sondern auch in der Sache selbst nach dem von der provocirenden Minorität in der Berufung auf schiedsrichterlichen Ausspruch gestellten Antrage erkannte. Dieses Urtheil wurde in zweiter Instanz von dem Appellationsgerichte zu Paderborn lediglich bestätigt.

Das Ober-Tribunal hat in seinem Urtheile vom 9. März 1863 a. a. O. S. 338) die eingelegte Nichtigkeitsbeschwerde verworfen, soweit sie gegen die Vernichtung des Schiedsspruches gerichtet war, dagegen für begründet erachtet, soweit sie die Vernichtung der von den beiden Vorderrichtern in der Sache selbst getroffenen Entscheidung verlangte. In den Urtheilsgründen wird ausgeführt:

»Das Gesetz entzieht die Frage, ob ein gefasster Beschluss zum gemeinsamen Besten der Gewerkschaft gereiche, der Erörterung im ordentlichen Prozesswege und verweist dieselbe auf Anrufen der Minorität zum schiedsrichterlichen Verfahren. Hieraus folgt aber nicht, dass ein solcher in Folge eines Anrufens von Seiten der Minorität ergangener schiedsrichterlicher Spruch nicht wie jede andere schiedsrichterliche Entscheidung nach §. 172. Th. I. Tit. 2. A. G. O. als nichtig anzufechten sei, vielmehr muss der in Angelegenheiten der gedachten Art ergangene schiedsrichterliche Spruch in Beziehung auf seine Wirksamkeit und Anfechtbarkeit beim Mangel besonderer Vorschriften nach den allgemeinen Vorschriften für schiedsrichterliche Entscheidungen beurtheilt werden. Die im §. 9. des Gesetzes vom 12. Mai 1851 enthaltenen Bestimmungen über die Bildung des Schiedsgerichts und die Bestellung eines Obmannes gestatten nicht den Schluss, dass eine demnächst ergangene schiedsrichterliche Entscheidung nicht als nichtig angefochten werden könne, und insoweit ist daher die Rüge, dass der vorliegende Rechtsstreit überhaupt nicht zur Competenz der Gerichte gehöre, unbegründet. Es musste also die Nichtigkeitsbeschwerde, soweit sie sich auf die ausgesprochene Nichtigkeitserklärung des Schiedsspruchs bezieht, zurückgewiesen werden.

Dagegen durfte, wie Implorantin mit Recht rügt, nach erfolgter Vernichtung des Schiedsspruchs der ordentliche Richter nicht in der Sache selbst entscheiden. Denn über die zur schiedsrichterlichen Entscheidung verwiesene Frage,

ob ein Gewerkschaftsbeschluss zum gemeinsamen Besten der Gewerkschaft gereiche,

ist unbedingt der Rechtsweg vor dem ordentlichen Richter ausgeschlossen, und wenn daher auch die Anfechtung eines darüber ergangenen Schiedsspruchs als nichtig auf Grund des §. 172. Th. I. Tit. 2. A. G. O. gestattet ist, so darf doch der über die Nichtigkeit desselben entscheidende Richter nicht über diese Aufgabe hinausgehen und in der Sache selbst über einen Gegenstand erkennen, hinsichtlich dessen das Gesetz lediglich ein schiedsrichterliches Verfahren mit Ausschluss des Rechtsweges gestattet. Der §. 175. a. a. O. steht dem nicht entgegen, weil er nur den gewöhnlichen Fall im Auge hat, wo die Parteien eine an sich zur richterlichen Cognition gehörige Streitsache durch Compromiss einem schiedsrichterlichen Ausspruche unterworfen haben. cf. §. 167. a. a. O. Gestattet dagegen das Gesetz nur das schiedsrichterliche Verfahren mit Ausschluss des Rechtsweges, so ist nach erfolgter Vernichtung des Schiedsspruchs die Sache in derselben Lage, als wenn überhaupt noch kein schiedsrichterlicher Spruch gefällt ist, und der Partei, welcher daran gelegen ist, einen ihr nachtheilig scheinenden Gewerkenbeschluss im Wege des schiedsrichterlichen Verfahrens zu beseitigen, muss es überlassen bleiben, die erforderlichen Schritte zu thun, um einen neuen Schiedsspruch herbeizuführen.«

Dieselbe Entscheidung und aus denselben Gründen ist von dem Ober-Tribunal in Uebereinstimmung mit beiden Vorderrichtern dem Kreisgerichte zu Beuthen und dem Appellationsgerichte zu Ratibor in einer anderen Processsache durch das Erkenntniss vom 24. October 1862 (Entscheidungen Bd. 48. S. 461, Zeitschr. f. Bergr. Bd. IV. S. 513) gefällt worden. Eine dritte Ansicht, verschieden sowohl von derjenigen des Kreisgerichtes zu Minden als von der Ansicht des Ober-Tribunals hat Dr. Achenbach in der Zeitschrift für Bergrecht Bd. IV. S. 91 aufgestellt. Er fasst das Verbot des Rechtsweges im §. 8. des Gesetzes vom 12. Mai 1851 als ein unbedingtes auf, welches auch die Nichtigkeitsklage des §. 175. Tit. 2. der Processordnung ausschliesse. Er hält es für unzulässig, den einen Theil des §. 175. zur Anwendung zu bringen, den anderen Theil aber, welcher den Richter anweist, in der Sache selbst zu erkennen, ausser Anwendung zu lassen.

Die Vereinigung des §. 175. cit. und des §. 8. cit. giebt allerdings zu vielfachen Zweifeln Veranlassung, die aus der grossen und vielbeklagten Lückenhaftigkeit der Vorschriften des Gesetzes vom 12. Mai 1851 über das schiedsrichterliche Verfahren entspringen. Doch dürfte von den verschiedenen Meinungen diejenige des Ober-Tribunals den Vorzug verdienen, gerade weil sie nicht die eine Vorschrift der anderen ganz aufopfert, sondern jede soweit zur Anwendung bringt, als es ohne directe Aufhebung der gegenüberstehenden Vorschrift möglich ist.

Die Frage wegen der persönlichen Verhaftung der Gewerken für die Grubenschulden hat zu zwei Entscheidungen des höchsten Gerichtshofes Veranlassung gegeben, in welchen der in der früheren Entscheidung vom 28. September 1854

(Strieth. Arch. Bd. 15. S. 48 Uebersicht S. 256) aufgestellte Rechtsgrundsatz, dass die Gewerken auch nach der Veräusserung ihres Antheiles für die Grubenschulden persönlich verhaftet sind, aufrecht erhalten wird. In dem ersten dieser Erkenntnisse vom 8. April 1862 (Entscheidungen Bd. 48. S. 374) ist zugleich die Ansicht ausgesprochen, dass der §. 292. A. L. R. II. 16, welcher bestimmt:

> Grubenschulden können von Gewerken, deren Bergwerkseigenthum aufgehoben ist, durch persönliche Klage nicht zurückgefordert werden;

nur auf den Fall der Caducirung einzelner Antheile oder des ganzen Bergwerkes wegen Nichtzahlung der Zubusse zu beziehen sei, nicht auch auf den Fall der Freifahrung wegen unterlassenen Betriebes. Dies wird daraus gefolgert, dass §. 292. sich unmittelbar an die Bestimmungen über die Caducirung anschliesse, während die Vorschriften über die Freierklärung wegen unterlassenen Betriebes sich an einer ganz anderen Stelle in den §§. 188—205. vorfinden. Dies trifft indess, wie Brassert in seiner Kritik der angeführten Entscheidung (Zeitschr. f. Bergr. Bd. IV. S. 370) nachgewiesen hat, keineswegs zu. Die unmittelbar vorhergehenden §§. 290. 291. beziehen sich vielmehr ausdrücklich auf den Fall der Freifahrung. Ueberdies ergeben die Materialien, wie Brassert nachweist, dass die Vorschrift des §. 292. auf einem von verschiedenen Monenten unterstützten Vorschlage des Finanzraths Wagner beruhte. Dieser Abänderungsvorschlag umfasste in einem zusammenhängenden Abschnitte die jetzigen §§. 198—200. und 289—294. welche fast unverändert aber an zwei getrennten Stellen in das Landrecht aufgenommen sind. Die Absicht des Antragstellers ist hiernach gewesen, die in den §§. 289—294. definirten Wirkungen der Aufhebung des Bergwerkseigenthums gerade auf den in den §§. 198—200. beschriebenen Fall der Freifahrung zu beziehen. Die angeführte Abhandlung von Brassert (a. a. O. S. 365—390) enthält ferner ein vollständiges Resumee über die in der früheren Uebersicht S. 255 ff. erörterte Frage über die persönliche Verhaftung der Gewerken für Grubenschulden, deren Resultat ist, dass als herrschende Ansicht für das preussische Recht angenommen werden muss, dass der Gewerke persönlich hafte, obgleich auch die entgegenstehende Ansicht in den mitgetheilten Erkenntnissen und Abhandlungen ebenfalls ihre Vertretung findet.

Das Erkenntniss vom 5. November 1863 (Zeitschr. f. Bergr. Bd. V. S. 101) behandelt den Fall, dass ein Gewerke für die von seinem Mitgewerken als Repräsentanten der Gewerkschaft contrahirte Schuld aus einer Holzlieferung persönlich und solidarisch in Anspruch genommen ist. Das Ober-Tribunal hat die gegen das verurtheilende Erkenntniss der Vorderrichter eingelegte Nichtigkeitsbeschwerde verworfen. Die solidarische Verhaftung des Verklagten wird in den Urtheilsgründen dadurch gerechtfertigt, dass nach §. 239. A. L. R. I. 17. die Gesellschafter aus einem Vertrage, welchen sie durch ihren gemeinschaftlichen Bevollmächtigten geschlossen haben, solidarisch haften. Auf die Behauptung, dass der Repräsentant bei der Vertragschliessung nicht ausdrücklich erklärt habe, er contrahire Namens der Gewerkschaft, oder als deren Repräsentant, komme es nicht an. Es genüge vielmehr, wenn aus den Umständen erhelle, dass er als Repräsentant handelte und nicht in eigenem Namen contrahirt hat.

Chronologisches Verzeichniss
der
mitgetheilten Entscheidungen.

Abkürzungen:
E. Entscheidung des Ober-Tribunals.
R. Rescript des Handelsministers.

Sachregister.

Berlin, gedruckt in der Königlichen Geheimen Ober-Hofbuchdruckerei (R. v. Decker).

FSC
www.fsc.org
MIX
Papier | Fördert
gute Waldnutzung
FSC® C083411

Kolibri 360 GmbH
Ferdinand-Jühlke-Straße 7
99095 Erfurt, Deutschland
produktsicherheit@kolibri360.de